W0231479

How to use the red plastic card.

1 Detach the plastic card.

2 Cover the page with the plastic card. The blank space in the sentence shows where there is a word missing.

3 Try to remember from the word lists the correct French word to complete the sentence.

4 Slide the red plastic card to one side and the correct answer will appear in red.

IMPROVE YOUR FRENCH

INVADER

©1992 by Invader Ltd., Chichester PO20 7 EQ,
England. All rights reserved.
Original edition: ©1991 by ZNU n.v., Belgium.

This book has been especially devised to help you to learn everyday French words. You can easily learn a wide range of words and extend your vocabulary in an enjoyable way.
The book is divided into three levels: elementary, intermediate and advanced. Each level is divided into themes, such as family, sport, animals, clothes, and each theme has a list of French words to learn. Each word appears in a simple French sentence with the English translation.
The red plastic card is used with the exercises which follow the word lists. The answers to the exercises are in red type and they are hidden when the red plastic card is placed on the page.
This is how to use the plastic card:

1 *Cover the page with the red plastic card. The blank spaces indicate the words which are missing.*
2 *Say the French word you think should be used in the sentence.*
3 *Slide the red plastic card to one side and you will see whether you have chosen the correct word. The answer will appear in red.*

This is an ideal way to revise, as you can use the book over and over again.
At the back of the book you will find some of the most common verbs, lists of numbers, days, months, countries and their inhabitants. There is also an index to help you look up the words you want to learn or revise.

CONTENTS

SOME EASY WORDS TO TRANSLATE!

A

absent	absent (m) absente (f)
accent	l'accent (m)
accident	l'accident (m)
adoption	l'adoption (f)
admission	l'admission (f)
affection	l'affection (f)
age	l'âge (m)
agent	l'agent (m)
agile	agile
air	l'air (m)
album	l'album (m)
alibi	l'alibi (m)
altitude	l'altitude (f)
amateur	l'amateur (m)
anemone	l'anémone (f)
angle	l'angle (m)
aptitude	l'aptitude (f)
arcade	l'arcade (f)
argument	l'argument (m)
art	l'art (m)
athlete	l'athlète (m/f)
atlas	l'atlas (m)
atmosphere	l'atmosphère (f)
avenue	l'avenue (f)

B

badminton	le badminton
ballet	le ballet
banquet	le banquet
bar	le bar
baron	le baron
beige	beige
beret	le béret
Bible	la Bible
bikini	le bikini
biscuit	le biscuit
bonnet	le bonnet
bouquet	le bouquet
boutique	la boutique
bracelet	le bracelet
bronze	le bronze
budget	le budget
buffet	le buffet

C

cactus	le cactus
cage	la cage
calorie	la calorie
canal	le canal
cardinal	le cardinal
centre	le centre
chandelier	le chandelier
chaos	le chaos
cheque	le chèque
cholera	le choléra
cigarette	la cigarette
circuit	le circuit
clown	le clown
club	le club
code	le code
colonel	le colonel
commerce	le commerce
concert	le concert
contact	le contact
correct	correct (m) correcte (f)
courage	le courage
crime	le crime
crocodile	le crocodile
cul-de-sac	le cul-de-sac

D

danger	le danger
date	la date
delta	le delta
dense	dense
detail	le détail
detective	le détective
difference	la différence
direct	direct (m) directe (f)
disciple	le/la disciple
discotheque	la discothèque
distance	la distance
document	le document
double	double
duel	le duel

E

echo	l'écho (m)

effort	l'effort (m)	instant	l'instant (m)
eligible	éligible	instinct	l'instinct (m)
expert	l'expert (m)	instrument	l'instrument (m)
F		intelligence	l'intelligence (f)
fable	la fable	intense	intense
festival	le festival	invisible	invisible
folklore	le folklore	Islam	l'Islam (m)
force	la force	**J**	
fortune	la fortune	jade	le jade
fragment	le fragment	jeans	le jean
frugal	frugal (m)	jeep	la jeep
	frugale (f)	jockey	le jockey
futile	futile	jovial	jovial (m) joviale (f)
G		jungle	la jungle
gala	le gala	jury	le jury
garage	le garage	justice	la justice
gazelle	la gazelle	**K**	
gelatine	la gélatine	kilo	le kilo
general	(le) général	koala	le koala
grimace	la grimace	**L**	
H		laser	le laser
handicap	le handicap	lasso	le lasso
hangar	le hangar	latitude	la latitude
harmonica	l'harmonica (m)	leopard	le léopard
hectare	l'hectare (m)	ligament	le ligament
hobby	le hobby	lynx	le lynx
horoscope	l'horoscope (m)	lyre	la lyre
I		**M**	
ideal	idéal (m) idéale (f)	machine	la machine
igloo	l'igloo (m)	magazine	le magazine
ignorance	l'ignorance (f)	male	le mâle
image	l'image (f)	mannequin	le mannequin
imagination	l'imagination (f)	manoeuvre	la manœuvre
immobile	immobile	margarine	la margarine
impact	l'impact (m)	mayonnaise	la mayonnaise
important	important (m)	message	le message
	importante (f)	microscope	le microscope
impossible	impossible	miracle	le miracle
index	l'index (m)	mirage	le mirage
initial	initial (m)	mule	la mule
	initiale (f)	multiple	multiple
initiative	l'initiative (f)	muscle	le muscle
insolent	insolent (m)	musical	musical (m)
	insolente (f)		musicale (f)

SOME EASY WORDS TO TRANSLATE!

N	
naïve	naïf (m)
	naïve (f)
nation	la nation
national	national (m)
	nationale (f)
naval	naval (m)
	navale (f)
negative	négatif (m)
	négative (f)
nicotine	la nicotine
note	la note
nylon	le nylon
O	
oasis	l'oasis (f)
obstacle	l'obstacle (m)
octave	l'octave (f)
ode	l'ode (f)
offensive	offensif (m)
	offensive (f)
ogre	l'ogre (m)
olive	l'olive (f)
omnibus	l'omnibus (m)
opaque	opaque
opera	l'opéra (m)
oracle	l'oracle (m)
Orient	l'Orient (m)
outrage	l'outrage (m)
P	
page	la page
pale	pâle
panorama	le panorama
parasite	le parasite
passion	la passion
patient	(le) patient (m)
	(la) patiente (f)
pause	la pause
periscope	le périscope
perspective	la perspective
phase	la phase
physique	le physique
plausible	plausible
plus	plus
point	le point
police	la police
precipice	le précipice
preface	la préface
preference	la préférence
prelude	le prélude
presence	la présence
president	le président
prestige	le prestige
prison	la prison
probable	probable
profit	le profit
Q	
question	la question
R	
radio	la radio
rage	la rage
rat	le rat
recent	récent (m)
	récente (f)
recital	le récital
reference	la référence
refuge	le refuge
region	la région
religion	la religion
reserve	la réserve
respect	le respect
restaurant	le restaurant
robot	le robot
rose	la rose
S	
sabotage	le sabotage
sacrifice	le sacrifice
saint	le saint, la sainte
sandwich	le sandwich
satellite	le satellite
scene	la scène
science	la science
secret	le secret
sentiment	le sentiment
signal	le signal
signature	la signature
silence	le silence
simple	simple
sincere	sincère

ski	le ski
social	social (m)
	sociale (f)
solitude	la solitude
source	la source
sport	le sport
stress	le stress
strict	strict (m)
	stricte (f)
structure	la structure
studio	le studio
super	super
T	
tact	le tact
talent	le talent
tandem	le tandem
taxi	le taxi
telephone	le téléphone
temperature	la température
temple	le temple
test	le test
testament	le testament
toast	le toast
torture	la torture
total	le total
tour	le tour
transparent	transparent (m)
	transparente (f)
transport	le transport
triangle	le triangle
tribunal	le tribunal
tribune	la tribune
U	
ultimatum	l'ultimatum (m)
union	l'union (f)
urgent	urgent (m)
	urgente (f)
V	
variable	variable
verdict	le verdict
veteran	le vétéran
vice	le vice
villa	la villa
village	le village
vinaigrette	la vinaigrette
violence	la violence
violent	violent (m)
	violente (f)
virus	le virus
visible	visible
vision	la vision
vodka	la vodka
vogue	la vogue
volatile	volatile
volt(age)	le volt(age)
volume	le volume
voyage	le voyage
vulnerable	vulnérable
W	
weekend	le week-end
whisky	le whisky
Z	
zero	zéro
zigzag	le zigzag
zinc	le zinc
zone	la zone
zoo	le zoo

THE FAMILY

family la famille	My family is very large. Ma famille est très grande.
parents les parents	This is a photograph of my parents. Voici une photo de mes parents.
father le père	His father is the mayor. Son père est le maire.
mother la mère	Our mother is preparing lunch. Notre mère prépare le déjeuner.
child l'enfant	Her child likes playing outdoors. Son enfant aime jouer dehors.
son le fils	Paul is Anne's son. Paul est le fils d'Anne.
daughter la fille	Their daughter is 18 years old. Leur fille a 18 ans.
to marry se marier	They will get married soon. Ils vont bientôt se marier.
brother le frère	My brother is younger than I am. Mon frère est plus jeune que moi.
sister la sœur	Your sister works at the office. Ta sœur travaille au bureau.
grandfather le grand-père	Grandfather lives with us. Grand-père habite chez nous.
grandmother la grand-mère	How old is your grandmother? Quel âge a ta grand-mère?
uncle l'oncle (m)	Uncle Fred is American. Oncle Fred est américain.
aunt la tante	Aunt Fiona is Scottish. Tante Fiona est écossaise.
Mummy maman	We call her 'Mummy'. Nous l'appelons 'maman'.

LA FAMILLE

They call him 'Daddy'. Ils l'appellent 'papa'.	Daddy papa
His grandson is like him. Son petit-fils lui ressemble.	grandson le petit-fils
My granddaughter has just been born. Ma petite-fille vient de naître.	granddaughter la petite-fille
Your cousin is in my class. Votre cousine est dans ma classe.	cousin (f) la cousine
My cousin is called Jack. Mon cousin s'appelle Jacques.	cousin (m) le cousin

THE FAMILY

1. Translate the words underlined.

* They are getting married in May.
  Ils vont se marier en mai.

* Here are my parents.
  Voici mes parents.

* Frank is their first son.
  François est leur premier fils.

* How old is your grandfather?
  Quel âge a ton grand-père?

* She has four granddaughters.
  Elle a quatre petites-filles.

* I call my mother 'Mummy'.
  J'appelle ma mère 'maman'.

* He has a male cousin and a female cousin.
  Il a un cousin et une cousine.

* They would like to have children.
  Ils voudraient avoir des enfants.

* Our family lives in England.
  Notre famille habite en Angleterre.

* Your uncle is a policeman.
  Ton oncle est agent de police.

* I haven't got a brother.
  Je n'ai pas de frère.

* She is playing with her little sisters.
  Elle joue avec ses petites sœurs.

2. Give the feminine of the following words.

* l'oncle : la tante
* le frère : la sœur
* le grand-père : la grand-mère

* le fils : la fille
* papa : maman

3. Give the masculine of the following words.

* la cousine : le cousin
* la petite-fille : le petit-fils
* la mère : le père
* la sœur : le frère
* la tante : l'oncle

* mon grand-père * ma grand-mère

* mon père * ma mère * mon oncle * ma tante

* mon frère * ma sœur * moi

THE HUMAN BODY

the body le corps	Do you know the parts of the body? Connais-tu les parties du corps?
health la santé	We have good health. Nous avons une bonne santé.
ill, sick malade	She is ill and staying in bed. Elle est malade et reste au lit.
illness, sickness la maladie	He is suffering from a serious illness. Il souffre d'une maladie grave.
to recover guérir	This is the only way to recover. C'est le seul moyen de guérir.
mouth la bouche	She has a sweet in her mouth. Elle a un bonbon dans sa bouche.
nose le nez	Your nose is red. Ton nez est rouge.
foot le pied	He has big feet. Il a des grands pieds.
hand la main	I am going to wash my hands. Je vais me laver les mains.
head la tête	Peter puts a hat on his head. Pierre met un chapeau sur sa tête.
leg la jambe	My mother has broken her leg. Ma mère s'est cassé la jambe.
arm le bras	She is holding her son in her arms. Elle porte son fils dans ses bras.
hair les cheveux	Grandfather has white hair. Grand-père a des cheveux blancs.
ear l' oreille (f)	I listen with my ears. J'entends avec mes oreilles.
eye l'œil (m) les yeux (pl)	She has blue eyes. Elle a les yeux bleus.

LE CORPS HUMAIN

He has a round face. Il a un visage rond.	face le visage
Grandmother has a bad back. Grand-mère a mal au dos.	back le dos
The baby is lying on his stomach. Le bébé est couché sur son ventre.	stomach le ventre

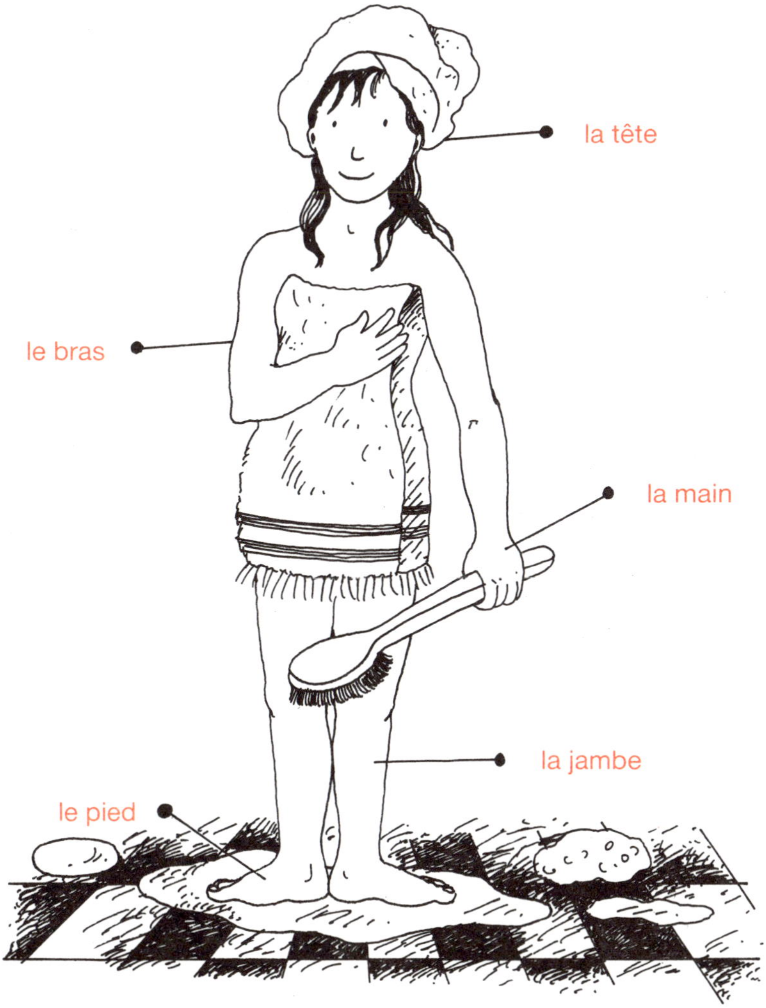

THE HUMAN BODY

1. Give the French for the part of the body...

... that you hear with. : l'oreille
... that you see with. : l'œil
... that you smell with. : le nez
... that you eat with. : la bouche
... that has five toes. : le pied
... that has five fingers. : la main
... that your ears are attached to. : la tête
... between your shoulder and your wrist. : le bras
... between your hip and your foot. : la jambe
... that grows on your head. : les cheveux

2. What do the pictures show? There are three possibilities.
The right answers are underlined in red.

l'oreille

l'orage

l'œil

la pièce

le pied

le père

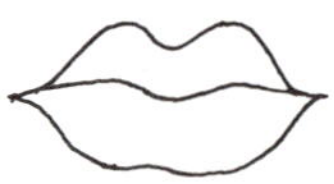

la bouche

la boule

la boucle

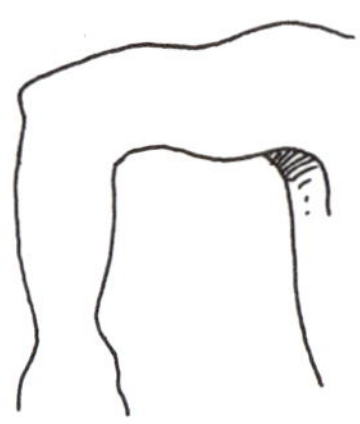

le bran

la base

le bras

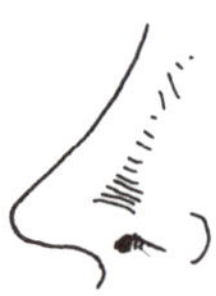

le nid

la neige

le nez

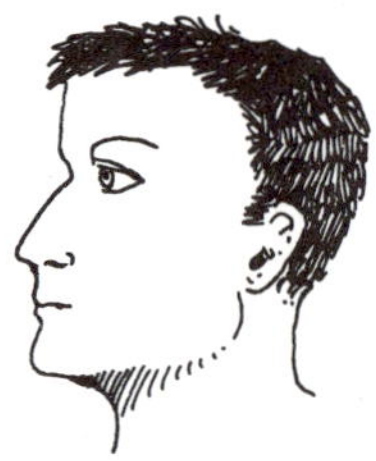

la tête

la tarte

la terre

3. Complete these sentences using words from the following list.

bouche - bras - cheveux - corps - guérir -
maladie - tête - visage - yeux

* He can't see very well. His eyes are weak.
  Il voit mal. Ses yeux sont faibles.

* Your face becomes very pale.
  Ton visage devient tout pâle.

* She is suffering from an illness, but she will soon recover.
  Elle souffre d'une maladie, mais elle va guérir bientôt.

* He has blond hair.
  Il a des cheveux blonds.

* We must take good care of our bodies.
  Nous devons bien soigner nos corps.

* The dentist says 'Open your mouth!'
  Le dentiste dit 'Ouvre ta bouche!'

* They are walking arm in arm.
  Ils se promènent bras dessus bras dessous.

* The soldier has a head wound.
  Le soldat est blessé à la tête.

4. Give these four parts of the body.

				the back: le ↓			
the foot: le	P	I	E	D			
the eye: l'				O	E	I	L
the arm: le	B	R	A	S			

CLOTHING

shirt la chemise	My shirt is dirty. Ma chemise est sale.
sweater le pull-over	This sweater does not shrink when it is washed. Ce pull-over ne rétrécit pas au lavage.
blouse la blouse	She is wearing a green blouse. Elle porte une blouse verte.
clothes les vêtements (m)	She is buying new clothes. Elle achète de nouveaux vêtements.
skirt la jupe	She is wearing a pleated skirt. Elle porte une jupe plissée.
dress la robe	The bride is wearing a white dress. La mariée porte une robe blanche.
trousers le pantalon	He is wearing trousers. Il porte un pantalon.
shorts la culotte	Little boys wear shorts. Les petits garçons portent une culotte.
culottes la jupe-culotte	She prefers wearing culottes. Elle préfère porter une jupe-culotte.
to get dressed s'habiller	He can get dressed on his own. Il sait s'habiller tout seul.
to get undressed se déshabiller	Sometimes you have to get undressed at the doctor's. Il faut parfois se déshabiller chez le docteur.
sock la chaussette	There is a hole in your sock. Il y a un trou dans ta chaussette.
tights le collant	She is wearing tights today. Aujourd'hui elle porte des collants.
shoes les souliers (m)	He has bought shoes that are too narrow. Il a acheté des souliers trop étroits.
to sew coudre	She is going to sew on a button. Elle va coudre un bouton.

LES VETEMENTS

She wants to knit a sweater. Elle veut tricoter un pull-over.	to knit tricoter
She wears a blue dress every day. Elle porte une robe bleue chaque jour.	to wear porter

This coat is too short. Ce manteau est trop court.	coat le manteau
Grandfather has a bowler hat. Grand-père a un chapeau melon.	hat le chapeau

CLOTHING

1. Which words can you make using the letters below? Look at the pictures carefully.

N U M

A 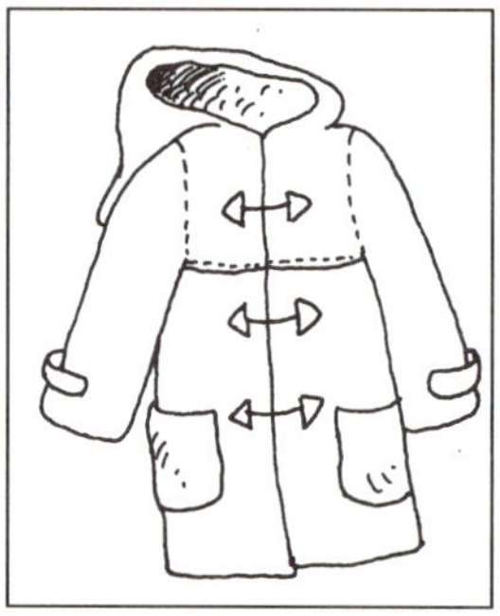 T

E A

(le) manteau

L O S

U 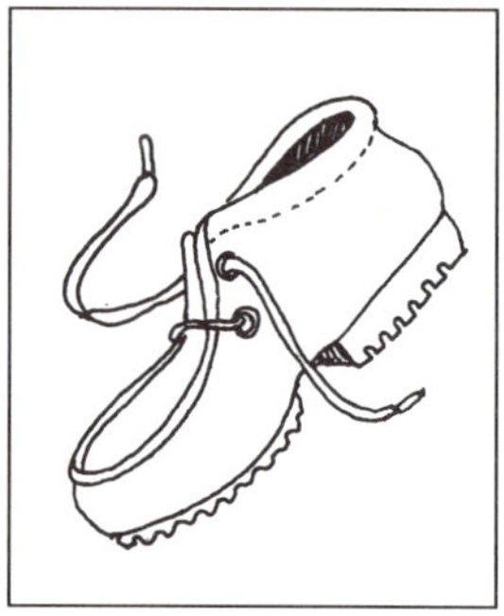 I

E R

(le) soulier

L P R

L  O

E V U

(le) pull-over

N P T

A 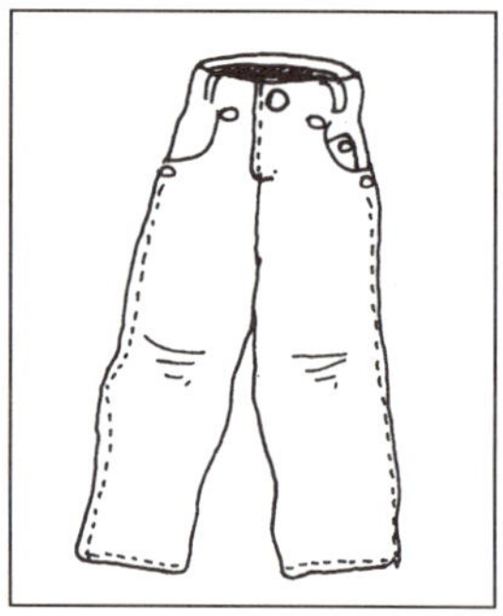 A

N O L

(le) pantalon

LES VETEMENTS

2. There are eight articles of clothing hidden in the grid. Look for them horizontally, vertically and diagonally.

X	T	B	S	O	U	L	I	E	R
C	O	L	L	A	N	T	M	Q	O
R	G	P	E	S	O	J	L	P	U
O	M	A	N	T	E	A	U	N	L
B	L	N	O	A	Y	G	H	P	I
E	M	T	R	U	P	S	Q	T	E
C	H	A	U	S	S	E	T	T	E
G	I	L	P	Z	R	E	Y	F	W
T	X	O	C	H	A	P	E	A	U
D	I	N	O	X	T	H	N	D	O

Answers: COLLANT - CHAPEAU - CHAUSSETTE - JUPE - MANTEAU
PANTALON - ROBE - SOULIER

3. Translate the following words.

- to knit : tricoter
- to get dressed : s'habiller
- to wear clothes : porter des vêtements
- to get undressed : se déshabiller

AT MEALTIMES

to eat manger	I want to eat pancakes with sugar. Je veux manger des crêpes au sucre.
to drink boire	Are you going to drink tea or coffee? Vas-tu boire du thé ou du café?
breakfast le petit déjeuner	I have breakfast at 7 o'clock. Je prends le petit déjeuner à 7 heures.
lunch le déjeuner	I have a business lunch today. J'ai un déjeuner d'affaires aujourd'hui.
dinner le dîner	After dinner, my father drinks a glass of brandy. Après le dîner, mon père boit un verre de cognac.
meal le repas	I prefer light meals. Je préfère les repas légers.
main dish, course le plat de résistance	I don't like the main dish. Le plat de résistance ne me plaît pas.
to cook, bake cuire	She is cooking the meat. Elle fait cuire la viande.
the dish, course le plat	We are having the dish of the day. Nous prenons le plat du jour.
plate l'assiette (f)	He is washing the plates. Il lave les assiettes.
glass le verre	They drink out of crystal glasses. Ils boivent dans des verres de cristal.
bottle la bouteille	Give me the bottle of milk. Donne-moi la bouteille de lait.
fork la fourchette	He is eating the cake with a fork. Il mange le gâteau avec une fourchette.
spoon la cuiller	I eat the yoghurt with a spoon. Je mange le yaourt avec une cuiller.
knife le couteau	I cut meat with a knife. Je coupe la viande avec un couteau.

LES REPAS

Would you like a cup of coffee?
Voulez-vous une tasse de café?

cup
la tasse

The soup is very hot!
Le potage est très chaud!

soup
le potage

What would you like for dessert?
Que veux-tu comme dessert?

dessert
le dessert

We are not having a starter.
Nous ne prenons pas d'entrée.

first course, starter
l'entrée (f)

I hope you enjoy your meal!
Je te souhaite bon appétit!

enjoy your meal!
bon appétit!

We are thirsty after the bike ride.
Après une telle randonnée en vélo nous avons soif.

to be thirsty
avoir soif

You can't be hungry now.
Tu ne peux pas avoir faim maintenant.

to be hungry
avoir faim

* le petit-déjeuner

* le déjeuner

* le dîner

* l'entrée

* le potage

* le plat de résistance

* le dessert

AT MEALTIMES

1. Translate the following words. You have three choices each time. The correct answers are underlined in red.

glass	* la terre * la mère * le verre	to drink	* boire * manger * cuire
soup	* le visage * le potage * le dommage	knife	* le couvert * la coutume * le couteau
dessert	* le dessert * le désert * les déserts	plate	* la fourchette * l'assiette * la tasse

2. Je vois.. . (I see)

1 une bouteille

2 une assiette

3 un verre

4 une fourchette

5 un couteau

6 une cuiller

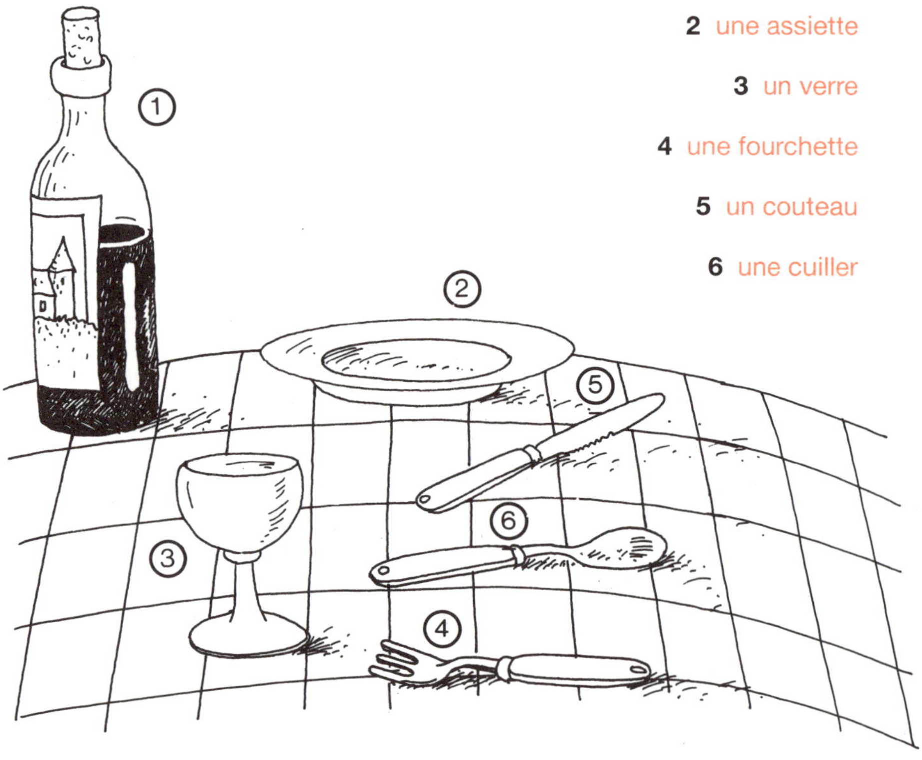

3. Translate the words underlined.

* You have to cook the meat for ten minutes.
  Tu dois faire cuire la viande pendant dix minutes.

* We have bought crystal glasses.
  Nous avons acheté des verres de cristal.

* The knives are made of stainless steel.
  Les couteaux sont en métal inoxydable.

* She enjoys a cup of tea.
  Elle aime une tasse de thé.

* What would you like to drink?
  Que veux-tu boire?

* You must shake the bottle before opening it.
  Tu dois agiter la bouteille avant de l'ouvrir.

* I eat spaghetti with a fork and a spoon.
  Je mange des spaghettis avec une fourchette et une cuiller.

* Soup is served when it is hot.
  Le potage est servi quand il est chaud.

* I am not hungry because I've eaten some chocolate.
  Je n'ai pas faim parce que j'ai mangé du chocolat.

* What will you have for a starter?
  Qu'est-ce que tu vas prendre comme entrée?

4. Which meal do you have...

... in the morning?	le petit déjeuner
... at midday?	le déjeuner
... in the evening?	le dîner

FOOD AND DRINK

meat la viande	I like my meat well done. J'aime la viande bien cuite.
vegetable le légume	A tomato is not a vegetable. La tomate n'est pas un légume.
fruit le fruit	Don't forget to buy some fruit. N'oublie pas d'acheter des fruits.
fish le poisson	We eat fish on Fridays. Le vendredi, nous mangeons du poisson.
bread le pain	Would you like white or brown bread? Veux-tu du pain blanc ou bis?
apple la pomme	I eat an apple every day. Je mange une pomme chaque jour.
pear la poire	The pears are ripe. Les poires sont mûres.
orange l'orange (f)	An orange contains vitamin C. Une orange contient de la vitamine C.
egg l'œuf (m)	I would like a boiled egg. Je voudrais un œuf mollet.
ham le jambon	He doesn't sell smoked ham. Il ne vend pas de jambon fumé.
cheese le fromage	We have some French cheese. Nous avons du fromage français.
butter le beurre	The butter has to be melted. Tu dois faire fondre le beurre.
salt le sel	I also add some salt. J'ajoute aussi un peu de sel.
sugar le sucre	Would you like a lump of sugar? Veux-tu un morceau de sucre?
drink la boisson	We are having a cool drink. Nous prenons une boisson fraîche.

ALIMENTS ET BOISSONS

Milk has to be kept in a cool place. Le lait doit être conservé au frais.	milk le lait
This coffee comes from Brazil. Ce café vient du Brésil.	coffee le café
The tea is still very hot. Le thé est encore très chaud.	tea le thé
This is sparkling water. C'est de l'eau gazeuse.	water l'eau (f)

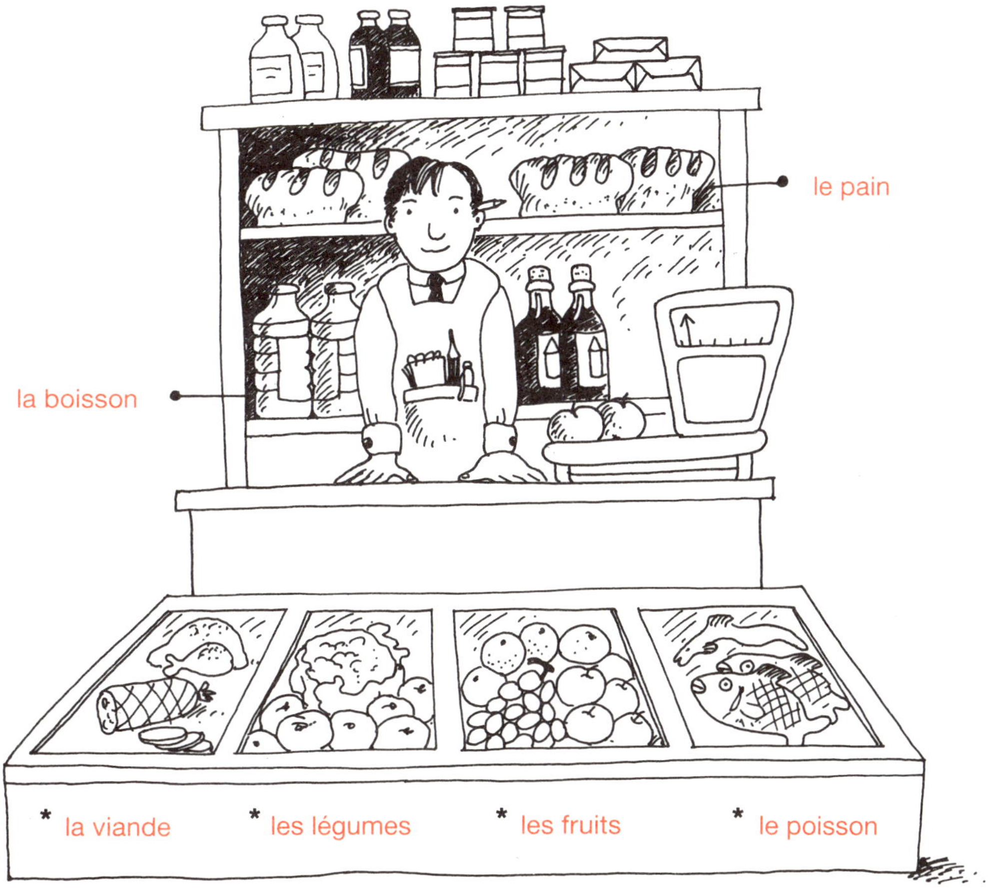

FOOD AND DRINK

1. Fill in the crossword.

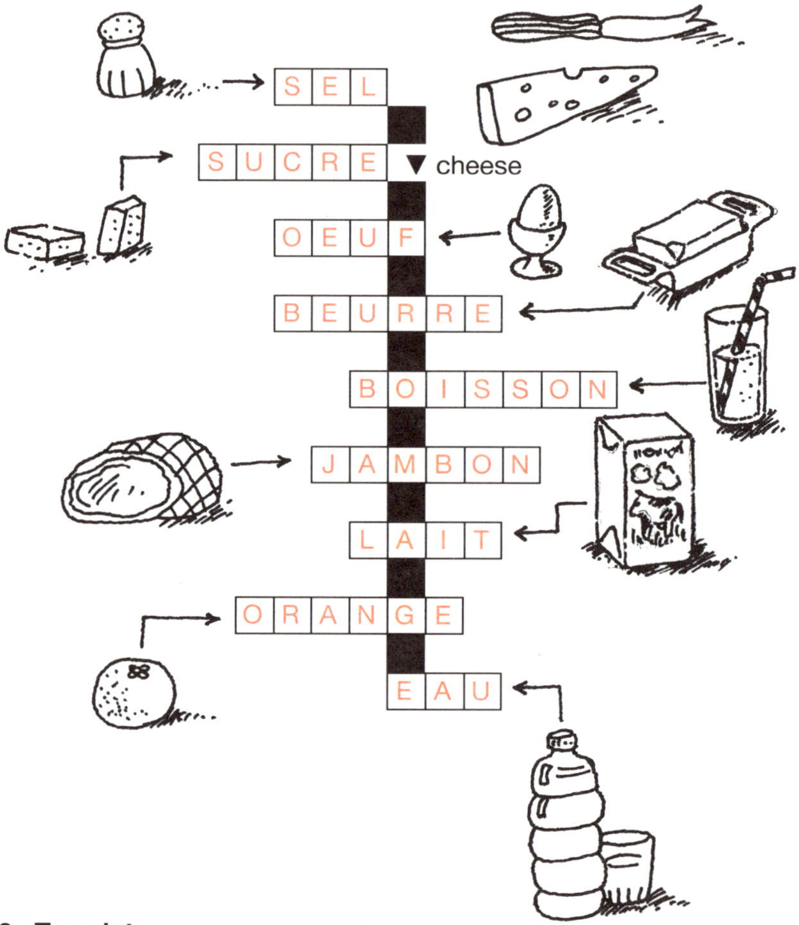

2. Translate.

* butter : le beurre
* cheese : le fromage
* eggs : les œufs
* apple : la pomme
* pear : la poire
* sugar : le sucre
* salt : le sel

3. Put these words into the correct pairs.

a. le café	1. le beurre
b. le poisson	2. le jambon
c. le pain	3. le lait
d. le sel	4. le sucre
e. le fromage	5. la viande

Answers: a3, b5, c1, d4, e2

4. Translate the words underlined.

* He drinks tea or coffee with milk.
  Il boit du thé ou du café au lait.

* Don't you ever put butter on your bread?
  Ne mets-tu jamais de beurre sur ton pain?

* She buys some vegetables and fruit at the market.
  Au marché, elle achète des légumes et des fruits.

* The greengrocer sells apples, pears and oranges.
  Le marchand de fruits et légumes vend des pommes, des poires et des oranges.

* They sell cheese or ham sandwiches here.
  Ici, on vend des sandwiches au fromage ou au jambon.

* I forgot to put salt into the vegetable soup.
  J'ai oublié de mettre du sel dans le potage aux légumes.

* Hens, ducks and pigeons lay eggs.
  Les poules, les canes et les pigeons pondent des œufs.

* Go to the butcher's and buy some meat.
  Va acheter de la viande chez le boucher.

* These are three sorts of fish: cod, sole and herring.
  Voici trois sortes de poissons: cabillaud, sole et hareng.

THE HOME

house la maison	This house is expensive. Cette maison coûte cher.
room la chambre	How many rooms are there? Combien de chambres y a-t-il?
garden le jardin	The garden is full of flowers. Le jardin est plein de fleurs.
door la porte	The door is always closed. La porte est toujours fermée.
window la fenêtre	Open the window, Peter. Ouvre la fenêtre, Pierre.
wall le mur	The Berlin Wall no longer exists. Le Mur de Berlin n'existe plus.
stairs, staircase l'escalier (m)	That staircase has 160 steps. Cet escalier a 160 marches.
to build construire	They are going to build a house. Ils vont construire une maison.
to rent louer	I want to rent a flat on the coast. Je veux louer un appartement à la côte.
to live habiter	We are going to live in the middle of the town. Nous allons habiter au centre de la ville.
kitchen la cuisine	The kitchen looks out on the garden. La cuisine donne sur le jardin.
dining room la salle à manger	The dining room is next to the living room. La salle à manger est à côté du salon.
furniture le meuble	She would like some new furniture. Elle voudrait des nouveaux meubles.
chair la chaise	Take a chair and sit down. Prends une chaise et assieds-toi.
bathroom la salle de bains	The bathroom is upstairs. La salle de bains se trouve en haut.

LA MAISON

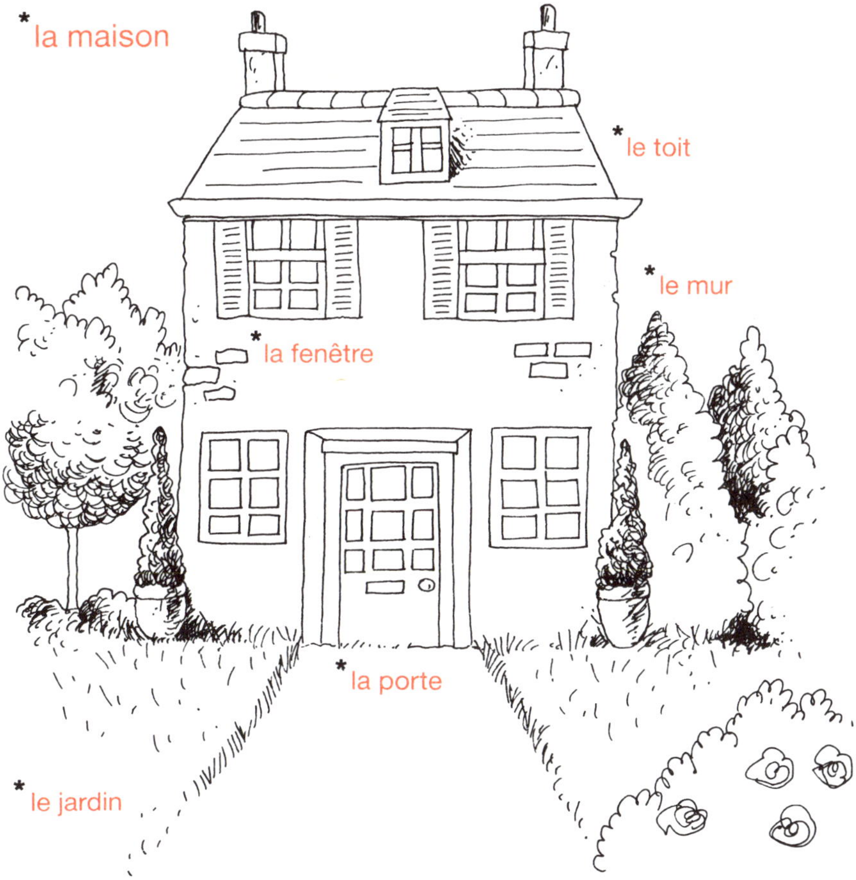

There is a beautiful vase on the table. Il y a un beau vase sur la table.	table la table
This cupboard is very useful. Cette armoire est vraiment pratique.	cupboard l'armoire (f)
This is a double bed. C'est un lit à deux personnes.	bed le lit
You live in a house with a flat roof. Tu habites dans une maison à toit plat.	roof le toit

THE HOME

1. What do the pictures show? There are three possibilities to choose from. The correct answers are underlined in red.

l'escalier
le toit
la cuisine

la salle à manger
le jardin
la salle de bains

la table
la chaise
la porte

le lit
le toit
le mur

la chaise
l'armoire
le lit

le jardin
la chaise
la table

2. Choose the correct translation for each of these words.

a window:
- une fenêtre
- une cuisine

to live:
- louer
- habiter

the door:
- la porte
- le mur

a room:
- une chaise
- une chambre

to build:
- construire
- louer

the garden:
- la maison
- le jardin

a bed:
- un jardin
- un lit

a staircase:
- un évier
- un escalier

a kitchen:
- une cuisine
- une chaise

3. Translate the words underlined.

* The bathroom walls are blue.
Les murs de la salle de bains sont bleus.

* This house has rooms with big windows.
Cette maison a des chambres avec de grandes fenêtres.

* This door opens on to the garden.
Cette porte donne sur le jardin.

* She puts the chairs on the table before cleaning the floor.
Elle met les chaises sur la table avant de nettoyer le plancher.

* The kitchen is next to the dining room.
La cuisine est à côté de la salle à manger.

* Is there some furniture in the flat you are renting?
Y a-t-il des meubles dans l'appartement que tu loues?

* The bed and the cupboard are made out of the same type of wood.
Le lit et l'armoire sont faits du même bois.

4. Arrange the pairs of letters to make two words. Be careful – each column has two pairs of letters too many.

FA	RS
NE	MO
AL	ES
ES	IT
FE	IR
TR	AR
fenêtres	armoires

SPORT

game le jeu	It is only a game after all. Malgré tout, cela n'est qu'un jeu.
player le joueur	A player has been sent off. Un joueur a été renvoyé.
player la joueuse	She is a famous tennis player. C'est une joueuse de tennis connue.
point le point	Who has scored a point? Qui a marqué un point?
success le succès	He is hoping for success. Il court après le succès.
victory la victoire	She deserved the victory. Elle a mérité la victoire.
to train s'entraîner	You have to train a lot. Il faut s'entraîner beaucoup.
to win gagner	Are they going to win this evening? Vont-ils gagner ce soir?
to lose perdre	Who is going to lose the game? Qui va perdre le jeu?
athletic sportif (m) sportive (f)	We aren't all athletic. Nous ne sommes pas tous sportifs.
football le football	I am a football supporter. Je suis un supporter de football.
basketball le basket-ball	I enjoy playing basketball. J'aime jouer au basket-ball.
swimming la natation	Swimming exercises all the muscles. La natation exerce tous les muscles.
cycling le cyclisme	Cycling is popular in Europe. Le cyclisme est populaire en Europe.
athletics l'athlétisme (m)	Athletics is a demanding sport. L'athlétisme est un sport exigeant.

LE SPORT

Gymnastics is an Olympic sport. La gymnastique est un sport olympique.	gymnastics la gymnastique
In winter they go skiing. En hiver, ils vont skier.	to ski skier
There were not many spectators. Il y avait peu de spectateurs.	spectator (male) le spectateur
There are 500 women spectators. Il y a 500 spectatrices.	spectator (female) la spectatrice

*le cyclisme

* skier

*la gymnastique

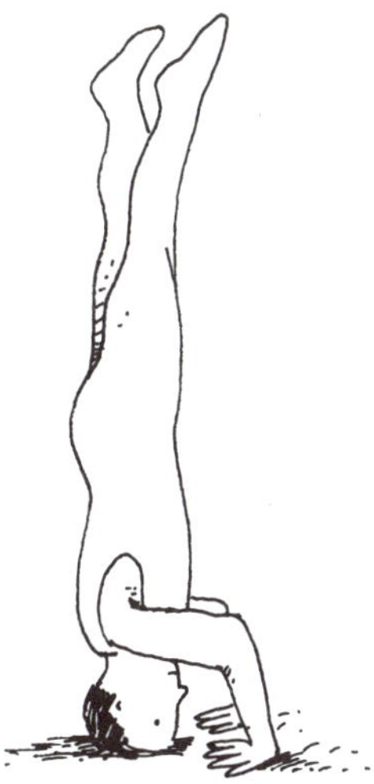

* l'athlétisme

* la natation

SPORT

1. Give the correct French word.

the player (male)
le joueur

the player (female)
la joueuse

to lose
perdre

to win
gagner

2. Humour

3. Translate the words underlined.

* They have to train a lot to stay in shape.
  Ils doivent s'entraîner beaucoup afin de rester en forme.

* She plays a lot of tennis – she is very athletic.
  Elle joue beaucoup au tennis – elle est très sportive.

* It is better to win than to lose, but it is still only a game.
  Il vaut mieux gagner que perdre, mais, malgré tout, cela n'est qu'un jeu.

* Football is more popular in Europe than in America.
  Le football est plus populaire en Europe qu'en Amérique.

* There are the same number of male spectators as female spectators.
  Les spectateurs sont aussi nombreux que les spectatrices.

* I love cycling.
  J'aime le cyclisme.

* The European athletic championships took place in Yugoslavia.
  Les championnats d'Europe d'athlétisme ont eu lieu en Yougoslavie.

* They were only one point short of victory.
  Il leur manquait un point pour obtenir la victoire.

* A swimming competition includes several events: breast stroke, crawl, butterfly, and backstroke.
  Il y a plusieurs épreuves en natation: la brasse, le crawl, la brasse papillon, et la nage sur le dos.

* He goes skiing in Austria every year.
  Chaque année, il va skier en Autriche.

* In basketball, you must not touch the ball with your feet.
  Au basket-ball, on ne peut pas toucher le ballon avec les pieds.

CULTURE

culture la culture	Every country has a different culture. Chaque pays a une culture différente.
art l'art (m)	Are you an art lover? Es-tu un amateur d'art?
literature la littérature	Do you know any American literature? Connais-tu la littérature américaine?
music la musique	I study music at the academy. J'étudie la musique à l'académie.
dance la danse	The polka is a dance. La polka est une danse.
painting la peinture	What do you think of modern painting? Que penses-tu de la peinture moderne?
sculpture la sculpture	We are studying sculpture. Nous étudions la sculpture.
museum le musée	That museum is open every day. Ce musée est ouvert tous les jours.
exhibition l'exposition (f)	I visited that exhibition. J'ai visité cette exposition.
library la bibliothèque	I am borrowing a book from the library. J'emprunte un livre à la bibliothèque.
book le livre	What is your favourite book? Quel est ton livre préféré?
teaching, education l'enseignement (m)	Her father is in the teaching profession. Son père est dans l'enseignement.
architecture l'architecture (f)	He studied architecture for two years. Il a étudié l'architecture pendant deux ans.
theatre le théâtre	My uncle often goes to the theatre. Mon oncle va souvent au théâtre.
cinema le cinéma	The cinema has an emergency exit. Le cinéma a une sortie de secours.

LA CULTURE

* la danse

* la littérature

* la sculpture

* la musique

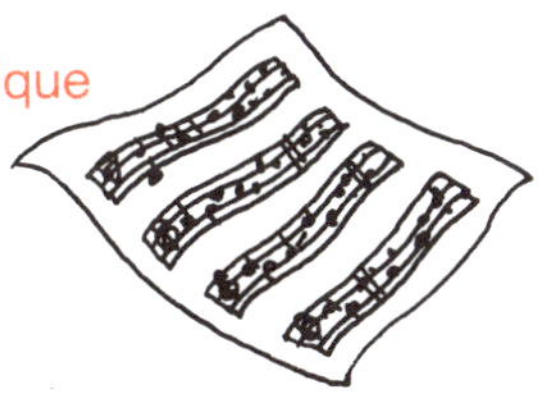

* la peinture

* la photographie

I don't know anything about photography. Je ne connais rien à la photographie.	photography la photographie
He is taking his son to the circus. Il emmène son fils au cirque.	circus le cirque
Do you watch television often? Regardez-vous souvent la télévision?	television la télévision
I switch off the radio. J'éteins la radio.	radio la radio

CULTURE

1. Which word belongs to which drawing?

* l'escalier
* l'eau
* l'enseignement
* l'écharpe

* le théâtre
* la tasse
* le toit
* la tante

* le cercle
* le citron
* le cycliste
* le cirque

* le cinéma
* la chaise
* le cyclisme
* le cirque

* la table
* la télévision
* le théâtre
* la tête

2. Translate these words into French.

* painting : la peinture
* dance : la danse
* music : la musique
* teaching : l'enseignement
* sculpture : la sculpture

3. Translate the words underlined.

* Art is my favourite subject.
  L'art est mon sujet préféré.

* University studies are a type of further education.
  Les études universitaires sont une forme d'enseignement supérieur.

* You can see Shakespeare's plays at the theatre.
  Tu peux voir les pièces de Shakespeare au théâtre.

* I want to study French literature at college.
  Je veux étudier la littérature française au collège.

* She is interested in foreign culture.
  Elle s'intéresse à la culture des peuples étrangers.

4. Look for the odd one out.

* le livre – le musée – la littérature – la bibliothèque.
  → le musée: it is the only one which has no direct connection with books.

* la radio – la télévision – la photographie – le cinéma
  → la radio: it is the only one which is not visual.

* le théâtre – le cirque – la bibliothèque – le livre – le musée
  → le livre: it is the only one which does not have visitors.

ANIMALS

animal l'animal (m)	The child is drawing an animal. L'enfant dessine un animal.
horse le cheval	The jockey takes care of his horse. Le jockey soigne son cheval.
cow la vache	The peasant milks the cow. Le paysan trait la vache.
bull le taureau	The bull is a powerful animal. Le taureau est un animal puissant.
fly la mouche	He has caught a fly. Il a attrapé une mouche.
mosquito le moustique	I have been bitten by a mosquito. J'ai été piqué par un moustique.
goat la chèvre	It is goat's cheese. C'est du fromage de chèvre.
sheep le mouton	The sheep have to be sheared. Les moutons doivent être tondus.
hen la poule	The hen has laid an egg. La poule a pondu un œuf.
cock le coq	Did you hear the cock crowing? As-tu entendu le chant du coq?
dog le chien	The dog has bitten the burglar. Le chien a mordu le cambrioleur.
cat le chat	The cat is showing its claws. Le chat montre ses griffes.
mouse la souris	Who is afraid of a mouse? Qui a peur d'une souris?
pig le cochon	The pig is rolling in the mud. Le cochon se roule dans la boue.
duck le canard	The child is feeding the duck. L'enfant donne à manger au canard.

LES ANIMAUX

A frog can jump a long way. Une grenouille peut sauter loin.	frog la grenouille
The rabbit has very long ears. Le lapin a de très grandes oreilles.	rabbit le lapin

The bird flies in the air. L'oiseau vole dans le ciel.	bird l'oiseau (m)
A cod is a type of fish. Un cabillaud est un genre de poisson.	fish le poisson

ANIMALS

1. Fill in the grid with the names of animals. Use the numbers to put each letter in its correct place in the grid at the bottom. The name of an animal will appear.

1 C	2 H	3 I	4 E	5 N

2. Match up the pairs correctly.

a. l'œuf	1. le mouton
b. le lait	2. le cochon
c. la laine (wool)	3. le poisson
d. le jambon	4. la poule
e. l'eau	5. la vache

Answers: a4, b5, c1, d2, e3

3. Translate the words underlined.

* My niece's <u>dog</u> is well trained: he always obeys her.
  Le chien de ma nièce est bien dressé: il lui obéit toujours.

* <u>Cats</u> hunt rats and mice.
  Les chats chassent les rats et les souris.

* A flock of <u>sheep</u> has got lost in the mountains.
  Un troupeau de moutons s'est égaré dans la montagne.

* This farmer has <u>cows</u>, <u>bulls</u> and <u>goats</u>.
  Ce fermier a des vaches, des taureaux et des chèvres.

* He couldn't sleep because of the <u>frogs'</u> croaking.
  Il ne pouvait pas dormir à cause du coassement des grenouilles.

* In the farmyard, there are <u>hens</u>, geese and <u>ducks</u>.
  Dans la basse-cour, il y a des poules, des oies et des canards.

* I have a spray for killing <u>flies</u> and <u>mosquitoes</u>.
  J'ai un vaporisateur pour détruire les mouches et les moustiques.

* Which is your favourite <u>animal</u>?
  Quel est ton animal préféré?

* The <u>cock</u> has not crowed today.
  Le coq n'a pas chanté aujourd'hui.

HOLIDAYS AND LEISURE

holiday(s) les vacances	Are you going on holiday? Allez-vous en vacances?
leisure, spare time les loisirs	What do you do in your spare time? Que fais-tu pendant tes loisirs?
to enjoy oneself s'amuser	We enjoy ourselves in London. Nous nous amusons à Londres.
to (go for a) walk se promener	They are going for a walk in the woods. Ils se promènent dans les bois.
journey, trip le voyage	I am planning the journey carefully. Je prépare bien le voyage.
hotel l'hôtel (m)	They are spending the night in a hotel. Ils passent la nuit dans un hôtel.
beach la plage	The beach was crowded. La plage était encombrée.
luggage les bagages	The porter is bringing the luggage up. Le porteur monte les bagages.
suitcase la valise	The suitcase weighs more than 20 kilos. La valise pèse plus de 20 kilos.
tourist le touriste	Tourists are welcome here. Les touristes sont bienvenus ici.
tent la tente	They are sleeping in a tent. Ils dorment sous une tente.
to potter, to tinker bricoler	My sister enjoys pottering about. Ma sœur aime bricoler.
to relax se détendre	People come here to relax. Les gens viennent ici pour se détendre.
to swim, bathe se baigner	It is forbidden to swim here. Il est défendu de se baigner ici.
aeroplane l'avion (m)	They prefer to travel by aeroplane. Ils préfèrent voyager en avion.

LES VACANCES ET LES LOISIRS

I am catching the train that comes from Glasgow. Je prends le train qui vient de Glasgow.	train le train
The camp site is full. Le terrain de camping est complet.	camp site le terrain de camping
The swimming pool is an indoor one. La piscine est couverte.	swimming pool la piscine
I love to visit castles. J'aime visiter des châteaux.	to visit visiter

HOLIDAYS AND LEISURE

1. To help you complete the translations, some letters are already in place.

* to potter = B R I C O L E R

* journey = V O Y A G E

* swimming pool = P I S C I N E

* suitcase = V A L I S E

* aeroplane = A V I O N

2. Translate the words underlined.

* Only tents are allowed on this part of the camp site.
  Sur cette partie du terrain de camping, seules les tentes sont admises.

* There was nobody to take her suitcases upstairs when she arrived at the hotel.
  Lors de son arrivée à l'hôtel, il n'y avait personne pour monter ses valises.

* During the holidays, we go to the swimming pool every day.
  Pendant les vacances, nous allons à la piscine tous les jours.

* I made a trip last year by aeroplane.
  J'ai fait un voyage en avion l'année dernière.

* Leisure time gives you the chance to relax.
  Les loisirs offrent l'occasion de se détendre.

* Children like having fun on the beach or swimming in the sea.
  Les enfants aiment s'amuser sur la plage ou se baigner dans la mer.

* There is an American tourist in the church.
  Il y a un touriste américain dans l'église.

* They like going for walks in the summer.
  Ils aiment se promener en été.

3. Humour

OCCUPATIONS

trade, occupation le métier	What is your occupation? Quel est ton métier?
to work travailler	She has to work from 8 am until 4 pm. Elle doit travailler de 8h à 16h.
employee l'employé(e) (m/f)	He is an employee in a large company. Il est employé d'une grande compagnie.
worker l'ouvrier(ière) (m/f)	The workers are on strike. Les ouvriers sont en grève.
boss, employer le patron	The boss is away today. Le patron est absent aujourd'hui.
office le bureau	His office is next to the station. Son bureau se trouve à côté de la gare.
factory l'usine (f)	This factory makes clothing. Cette usine fabrique des vêtements.
butcher le boucher	The butcher sells meat. Le boucher vend de la viande.
baker le boulanger	He is buying a cake at the baker's. Il achète un gâteau chez le boulanger.
fireman le pompier	Firemen take risks. Les pompiers prennent des risques.
doctor le docteur	Go to the doctor if you are ill. Va chez le docteur si tu es malade.
secretary la secrétaire	They are looking for a new secretary. Ils cherchent une nouvelle secrétaire.
bricklayer le maçon	The bricklayer works out of doors. Le maçon travaille dehors.
farmer l'agriculteur (m)	This farmer has no animals. Cet agriculteur n'a pas d'animaux.
plumber le plombier	The plumber has just repaired the tap. Le plombier vient de réparer le robinet.

LES METIERS

*le pompier

*l'avocat

*le maçon

*le boulanger

*l'agriculteur

*le boucher

The electrician is supervising everything.
L'électricien contrôle tout.

electrician
l'électricien (m)

We are calling in a lawyer.
Nous faisons appel à un avocat.

lawyer
l'avocat (m)

He is a French teacher.
Il est professeur de français.

teacher
le professeur

She is a very good hairdresser.
C'est une très bonne coiffeuse.

hairdresser
la coiffeuse

OCCUPATIONS

1. Each drawing matches an occupation or trade. Which is which?

C
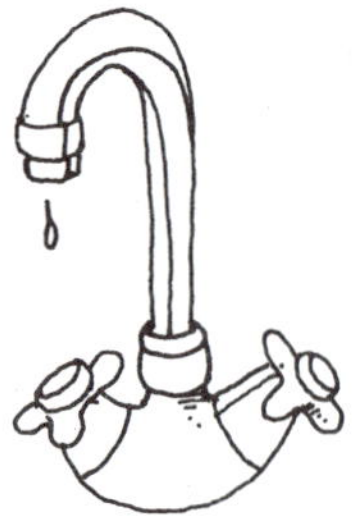

D
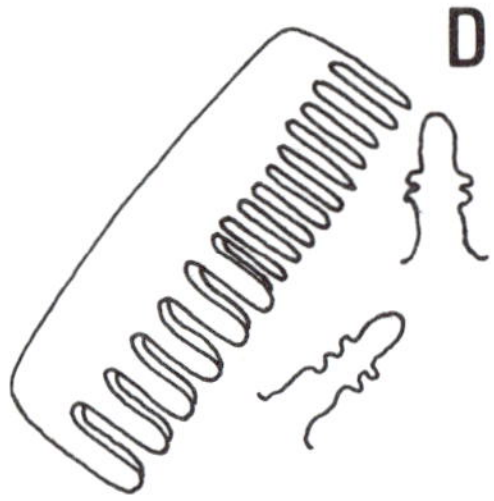

B
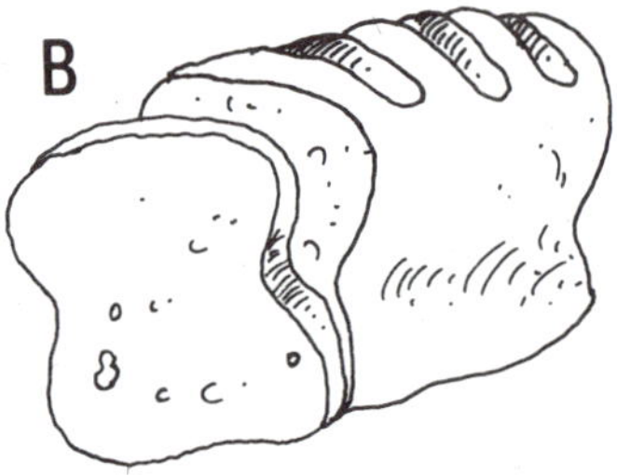

A
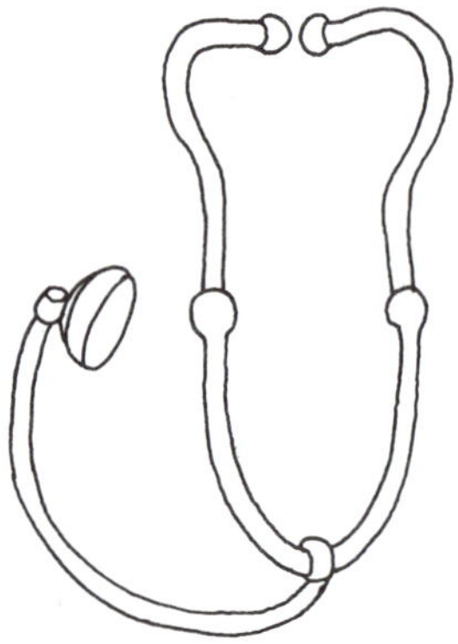

E

F
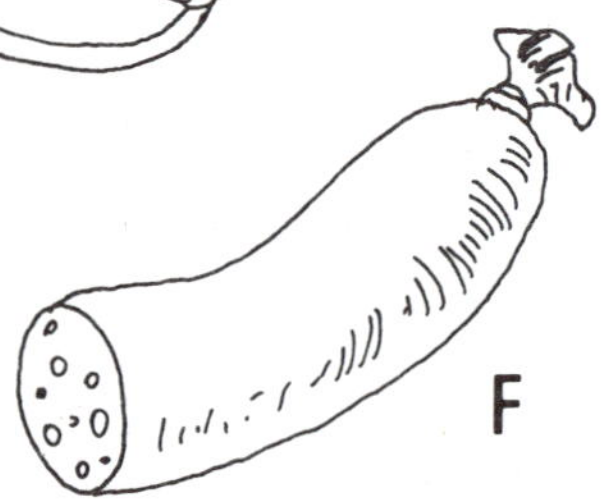

	Answers:
1. le boulanger	A- 2
2. le docteur	B- 1
3. le maçon	C- 6
4. le boucher	D- 5
5. la coiffeuse	E- 3
6. le plombier	F- 4

LES METIERS

2. Translate the words underlined.

* She has a diploma in engineering, but she has not used her trade.
  Elle a un diplôme d'ingénieur, mais elle n'a pas exercé ce métier.

* It was a big fire, so we called out the firemen.
  Il y avait un grand incendie, nous avons donc appelé les pompiers.

* He is a worker at the factory.
  Il est ouvrier à l'usine.

* The employers have reached an agreement with the employees about a pay rise.
  Les patrons ont conclu un accord avec les employés concernant une hausse des salaires.

* The teachers have three holidays a year.
  Les professeurs ont trois périodes de vacances chaque année.

* The farmer is harvesting the wheat.
  L'agriculteur moissonne les blés.

* The hairdresser has to close her salon because she is unwell.
  La coiffeuse doit fermer son salon pour cause de maladie.

* The plumber has to replace the old pipes.
  Le plombier doit changer les vieux tuyaux.

* The secretary can type letters quickly.
  La secrétaire peut taper les lettres rapidement.

* The lawyer defended his client well.
  L'avocat a bien défendu son client.

* Bricklayers don't work when it rains.
  Les maçons ne travaillent pas quand il pleut.

TIME

time le temps	They arrived on time. Ils sont arrivés à temps.
minute la minute	Cook it for five minutes. Fais-le cuire pendant cinq minutes.
hour l'heure (f)	We still have one hour left. Il nous reste une heure.
day le jour	What day is it? Quel jour sommes-nous?
week la semaine	I have two weeks holiday. J'ai deux semaines de congé.
year l'an (m)	She is forty years old. Elle a quarante ans.
morning le matin	He gets up early in the morning. Il se lève tôt le matin.
evening le soir	She teaches in the evening. Elle enseigne le soir.
afternoon l'après-midi (m/f)	They have a nap in the afternoon. Ils font une sieste l'après-midi.
noon, midday midi	He arrived at midday. Il est arrivé à midi.
midnight minuit	It ends around midnight. Cela se termine vers minuit.
today aujourd'hui	Today is Wednesday. Aujourd'hui, c'est mercredi.
yesterday hier	Yesterday was Tuesday. Hier, c'était mardi.
tomorrow demain	Tomorrow will be Thursday. Demain, ce sera jeudi.
night la nuit	It is dark at night. Il fait noir la nuit.

LE TEMPS

I shall wait another half hour.
J'attends encore une demi-heure.

half hour, half an hour
la demi-heure

There is a bus every quarter of an hour.
Il y a un bus tous les quarts d'heure.

quarter of an hour
le quart d'heure

May is the fifth month of the year.
Mai est le cinquième mois de l'année.

month
le mois

The end of the century is drawing near.
La fin du siècle approche.

century
le siècle

*le matin

*midi

*l'après-midi

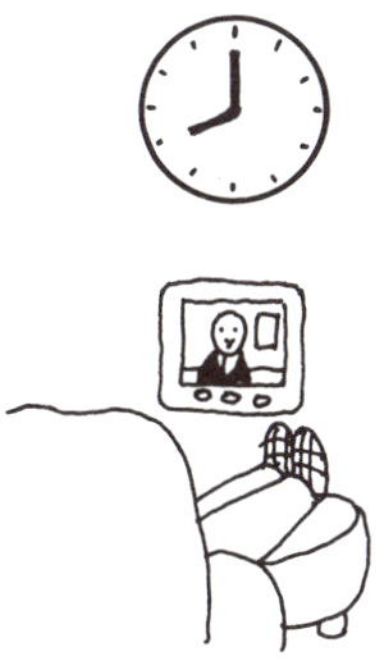

*le soir

*minuit

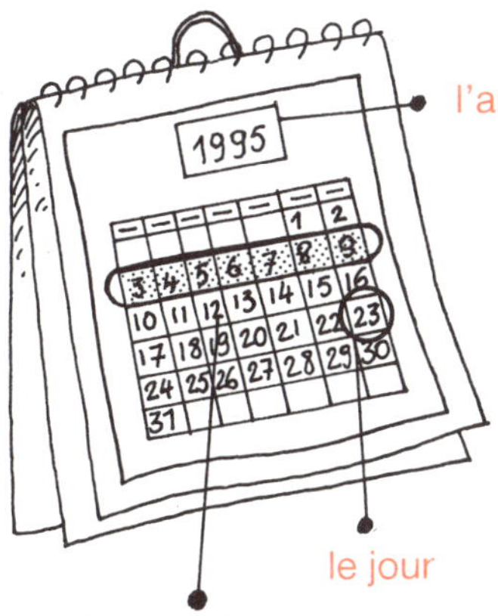

TIME

1. The sentences below make up a story. Put them into the right order under the pictures.

Hier matin, mon frère a trouvé un chat dans la rue.

Il a emporté le chat. Après une heure, le chat a bu un peu de lait.

Pendant l'après-midi, le chat a dormi sous la chaise.

Cette nuit, le chat est resté dans le jardin.

Aujourd'hui, deux hommes viennent chercher le chat.

* Cette nuit, le chat est resté dans le jardin.
* Il a emporté le chat. Après une heure le chat a bu un peu de lait.
* Aujourd'hui, deux hommes viennent chercher le chat.
* Hier matin, mon frère a trouvé un chat dans la rue.
* Pendant l'après-midi, le chat a dormi sous une chaise.

2. Give the opposite of the following words.

* le jour ↔ * la nuit
* le soir ↔ * le matin
* demain ↔ * hier
* midi ↔ * minuit

3. What do you call...

... 30 days? = un mois
... 12 months? = un an
... 1/60 of an hour? = une minute
... 100 years? = un siècle
... 1/24 of a day? = une heure
... 1/4 of an hour? = un quart d'heure

4. Translate the words underlined.

* We are usually tired in the evening.
  D'habitude, nous sommes fatigués le soir.

* Cook it for half an hour and then serve it hot.
  Faites-le cuire pendant une demi-heure et puis servez-le chaud.

* During the week, there is a train every quarter of an hour.
  En semaine, il y a un train tous les quarts d'heure.

* In two days, I will be twelve years.
  Dans deux jours, j'aurai douze ans.

* Where were you yesterday?
  Ou étais-tu hier ?

* I go home for lunch at noon.
  Je rentre déjeuner chez moi à midi.

* We are going on holiday tomorrow.
  Nous partons en vacances demain.

THE EARTH AND NATURE

Earth la Terre	The Earth is a planet. La Terre est une planète.
nature la nature	We must protect nature. Nous devons protéger la nature.
country(side) la campagne	Country life is peaceful. La vie à la campagne est tranquille.
mountain la montagne	He likes to walk in the mountains. Il aime se promener en montagne.
wood le bois	There is a path through the wood. Il y a un chemin au travers du bois.
tree l'arbre (m)	There are many trees in a wood. Dans un bois, il y a beaucoup d'arbres.
river la rivière	They are crossing the river in a boat. Ils traversent la rivière en bateau.
sea la mer	He is on holiday by the sea. Il est en vacances à la mer.
sky le ciel	The sky is cloudy. Le ciel est nuageux.
island, isle l'île (f)	This island is uninhabited. Cette île est inhabitée.
coast la côte	They have a house on the coast. Ils ont une maison à la côte.
forest la forêt	The forest stretches a long way. La forêt est très étendue.
sun le soleil	The sun always shines here. Ici, le soleil brille toujours.
wind le vent	There is a strong wind. Il y a un vent fort.
flower la fleur	A rose is a beautiful flower. Une rose est une belle fleur.

LA TERRE ET LA NATURE

Don't forget to water the plant. N'oublie pas d'arroser la plante.	plant la plante
The grass grows quickly. L'herbe pousse vite.	grass l'herbe (f)
The snow is starting to melt. La neige commence à fondre.	snow la neige
The rain causes damage. La pluie cause des dégâts.	rain la pluie

THE EARTH AND NATURE

1. Translate the words underlined.

* The weather report forecasts bright intervals with rain.
La météo annonce des éclaircies alternées avec de la pluie.

* The skiers climbed more than 2000 metres to find some snow.
Les skieurs sont montés au-dessus de 2000 mètres pour trouver de la neige.

* When the sun is shining, the temperature can rise to 30°C.
Quand le soleil brille, la température peut atteindre 30°C.

* Tomorrow, the wind will be from the south-west.
Demain, le vent soufflera du secteur sud-ouest.

* Great Britain is an island.
La Grande-Bretagne est une île.

* Year after year, thousands of holiday-makers go to the south coast.
Chaque année, des milliers de vacanciers vont à la côte dans le sud.

* We buy flowers and plants for Mother's Day.
Pour la fête des mères, nous achetons des fleurs et des plantes.

* Do you know the name of the river that flows through London?
Connais-tu le nom de la rivière qui coule à travers Londres?

* When the sky is clear, astronomers can see the stars.
Lorsque le ciel est dégagé, les astronomes peuvent voir les étoiles.

* In the country, the roads are often narrow.
A la campagne, les routes sont souvent étroites.

LA TERRE ET LA NATURE

2. What do the illustrations show? You have a choice of three possibilities.

- le mont
- la main
- la montagne

- le bois
- le bain
- la boisson

- la flamme
- la fleur
- le fleuve

- le temps
- la tête
- la Terre

- l'arbre
- l'avion
- l'année

- le soir
- la neige
- le soleil

- la piscine
- la plante
- la pluie

- la pluie
- la nièce
- la neige

THE FAMILY

marriage, wedding le mariage	Their marriage was unexpected. Leur mariage était une surprise.
to get divorced divorcer	His parents got divorced last year. Ses parents ont divorcé l'année dernière.
adult l'adulte (m/f)	The adults look after the children. Les adultes surveillent les enfants.
to get engaged se fiancer	They are going to get engaged. Ils vont se fiancer.
engagement les fiançailles	They announced their engagement. Ils ont annoncé leurs fiançailles.
niece la nièce	My sister's daughter is my niece. La fille de ma sœur est ma nièce.
nephew le neveu	My brother's son is my nephew. Le fils de mon frère est mon neveu.
married couple le couple	A married couple live next door. Un couple habite à côté.
husband l'époux (m)	Stephen is Theresa's husband. Stéphane est l'époux de Thérèse.
wife l'épouse (f)	Theresa is Stephen's wife. Thérèse est l'épouse de Stéphane.
housework le ménage	Who does the housework here? Qui fait le ménage ici?

1. Translate.

* adult : l'adulte
* to get divorced : divorcer
* housework : le ménage
* a nephew : un neveu
* wife : l'épouse
* a niece : une nièce
* to get engaged : se fiancer

* le garçon

* la fille

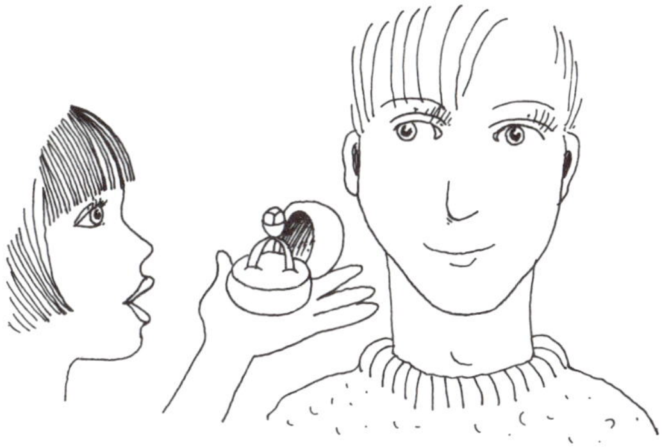

* les fiançailles

* le mariage

* l'époux

* l'épouse

2. Fill in the missing words.

* Edouard s'est marié avec Alice. Alice est son épouse.	wife
* J'habite chez ma mère depuis que mes parents ont divorcé.	divorced
* Jacques est le fils de mon frère; donc il est mon neveu.	nephew
* C'était un beau mariage.	wedding, marriage

THE HUMAN BODY

to tire oneself se fatiguer	You shouldn't tire yourself too much. Il ne faut pas trop se fatiguer.
blind aveugle	The old man is almost blind. Le vieil homme est presque aveugle.
deaf sourd(e)	She is deaf in her left ear. Elle est sourde de l'oreille gauche.
throat la gorge	I've got a sore throat. J'ai mal à la gorge.
lung le poumon	Smoking is bad for the lungs. Fumer est mauvais pour les poumons.
elbow le coude	She nudges him with her elbow. Elle lui donne un coup de coude.
eyebrow le sourcil	He raised his eyebrows. Il a levé les sourcils.
eyelash le cil	She has long eyelashes. Elle a de longs cils.
tooth la dent	You must brush your teeth. Tu dois te brosser les dents.
lip la lèvre	My lips are dry. Mes lèvres sont sèches.

1. Translate.

* an eyelash : un cil
* a lung : un poumon
* to tire oneself : se fatiguer
* deaf : sourd/sourde
* a tooth : une dent
* a lip : une lèvre
* blind : aveugle
* throat : la gorge

LE CORPS HUMAIN

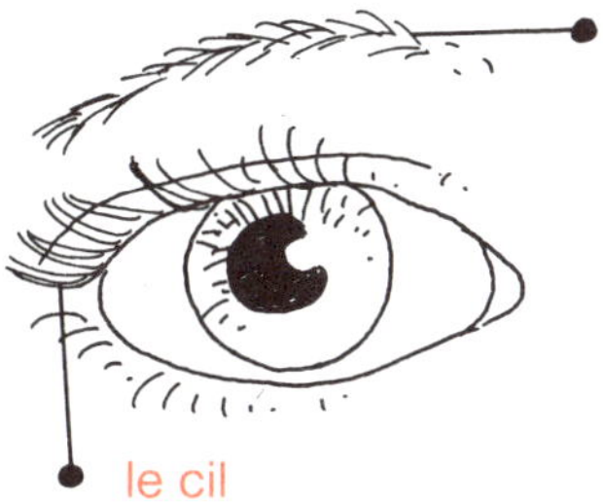

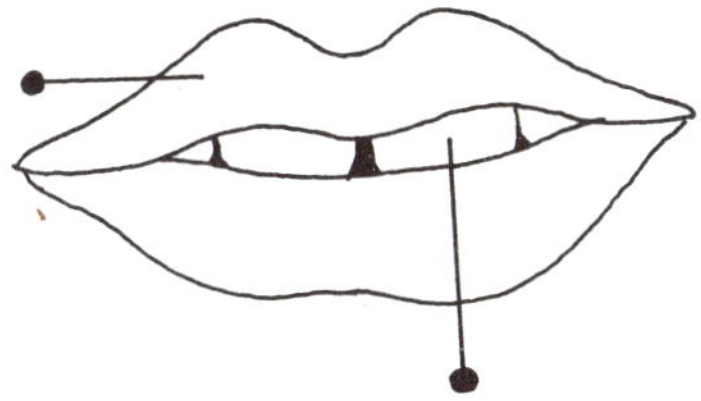

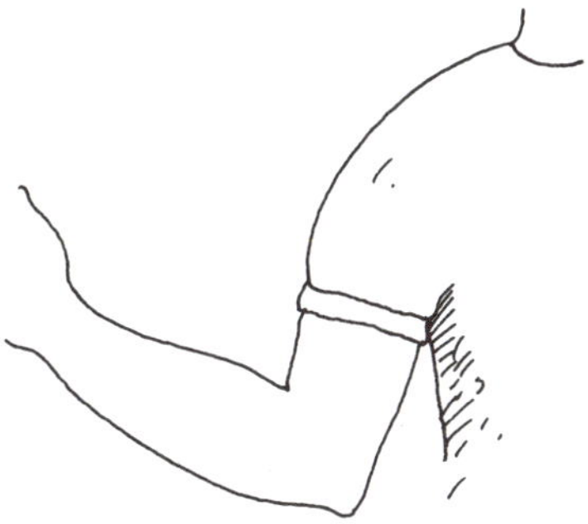

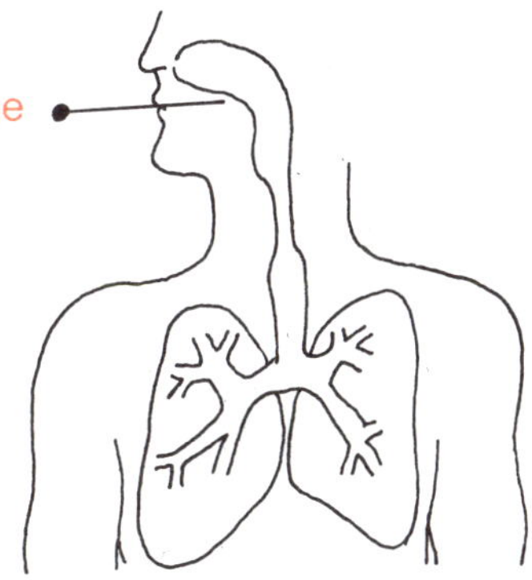

2. Fill in the missing words.

* Il a froncé les sourcils quand je lui ai posé une question.	eyebrows
* Quand nous respirons, nous remplissons nos poumons d'air.	lungs
* Il ne peut pas nous voir parce qu'il est aveugle.	blind
* Le dentiste inspecte mes dents.	teeth
* Je travaillais toute la journée; je me suis fatigué.	tired

CLOTHING

glove le gant	Do you wear gloves in winter? Mets-tu des gants en hiver?
scarf l'écharpe (f)	This scarf protects me from the cold. Cette écharpe me protège du froid.
belt la ceinture	This belt is too small. Cette ceinture est trop petite.
wardrobe la garde-robe	The shirt is in the wardrobe. La chemise est dans la garde-robe.
raincoat l'imperméable (m)	I put on my raincoat. Je mets mon imperméable.
suit le costume	He always wears a suit. Il porte toujours un costume.
jewel le bijou	Who has stolen the jewels? Qui a volé les bijoux?
necklace le collier	This is a diamond necklace. C'est un collier de diamants.
overcoat le pardessus	I turn up the collar of my overcoat. Je relève le col de mon pardessus.
cap la casquette	The jockey has lost his cap. Le jockey a perdu sa casquette.

1. Translate.

* a scarf : une écharpe
* an overcoat : un pardessus
* a suit : un costume
* a jewel : un bijou
* a necklace : un collier
* a cap : une casquette
* a raincoat : un imperméable
* a glove : un gant

LES VETEMENTS

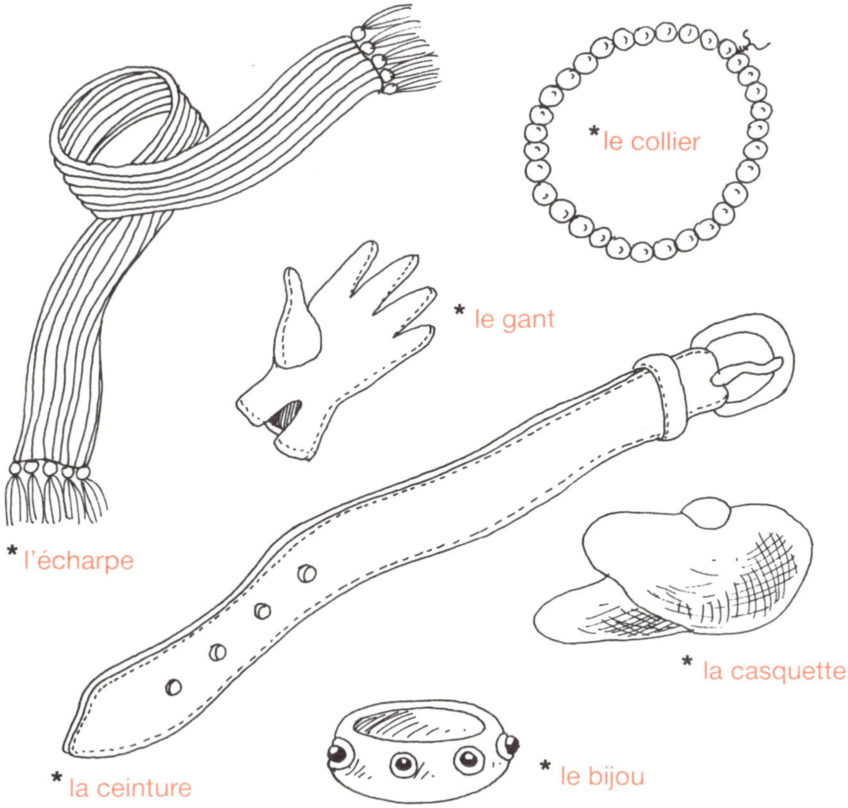

2. Fill in the missing words.

* Quand il pleut, je mets un imperméable.	raincoat
* Il a un costume gris.	suit
* Elle porte un collier de diamants.	necklace
* On doit porter une ceinture de securité dans la voiture.	belt
* Ces objets en or sont des bijoux de Louis XIV.	jewels

AT MEALTIMES

crockery, dishes la vaisselle	Who is going to wash the dishes? Qui va faire la vaisselle?
cutlery les couverts	I have been given some silver cutlery. J'ai reçu des couverts en argent.
tray le plateau	The waiter drops the tray. Le garçon laisse tomber le plateau.
refrigerator le réfrigérateur	The butter is in the refrigerator. Le beurre est dans le réfrigérateur.
freezer le congélateur	The freezer is out of order. Le congélateur est en panne.
sour sur(e)	A lemon is sour. Un citron est sur.
sweet sucré(e)	Do you like sweet wine? Aimes-tu le vin sucré?
salty salé(e)	Seawater is salty. L'eau de mer est salée.
raw cru(e)	These vegetables are still raw. Ces légumes sont encore crus.
cooked, done cuit(e)	The food is overcooked. Les aliments sont trop cuits.

1. Translate.

- * freezer : le congélateur
- * raw : cru/crue
- * salty : salé/salée
- * dishes : la vaisselle
- * cutlery : les couverts
- * cooked, done : cuit/cuite
- * sour : sur/sure
- * a refrigerator : un réfrigérateur

2. Fill in the missing words.

* Les citrons ont un goût sur.	sour
* Les glaces sont dans le congélateur.	freezer
* Elle apporte le café sur un plateau.	tray
* Après le dîner, nous faisons la vaisselle.	dishes
* On mange les légumes crus ou cuits.	raw cooked

FOOD AND DRINK

tomato la tomate	Tomatoes are red. Les tomates sont rouges.
potato la pomme de terre	We are peeling some potatoes. Nous épluchons des pommes de terre.
carrot la carotte	Do you want raw or cooked carrots? Veux-tu des carottes crues ou cuites?
pea le petit pois	The peas are not ready to eat. Les petits pois ne sont pas prêts à la consommation.
lemon le citron	I like lemon drinks. J'aime les boissons au citron.
wine le vin	In France, people drink a lot of wine. En France, on boit beaucoup de vin.
chicken le poulet	He ordered roast chicken. Il a commandé du poulet rôti.
steak le bifteck	My steak must be well done. Mon bifteck doit être bien cuit.
omelette l'omelette (f)	She has made a ham omelette. Elle a préparé une omelette au jambon.
beer la bière	Belgians are very fond of beer. Les Belges aiment beaucoup la bière.

1. Translate.

* peas : les petits pois
* a chicken : un poulet
* a carrot : une carotte
* a potato : une pomme de terre
* wine : le vin

ALIMENTS ET BOISSONS

*le vin

*la bière

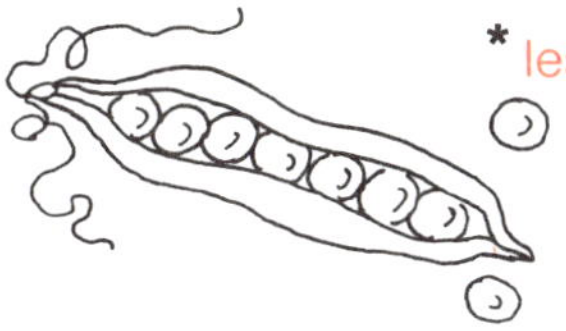

*les petits pois

*le citron

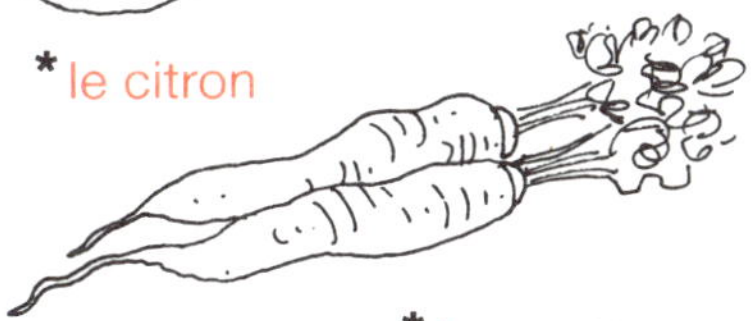

*la carotte

*la tomate

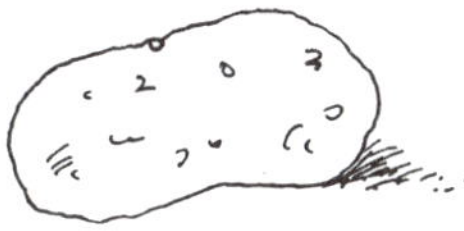

*la pomme de terre

*le poulet

*la poule

2. Fill in the missing words.

* Il faut casser des œufs pour faire une omelette.	omelette
* Le vin de Bourgogne est de bonne qualité.	wine
* Veux-tu du thé au lait ou au citron?	lemon
* Il mange des carottes et des petits pois.	carrots peas
* Aidez-moi à éplucher les pommes de terre.	potatoes

THE HOME

lavatory, toilet
les toilettes

The toilet is opposite the bathroom.
Les toilettes sont en face de la salle de bains.

bedroom
la chambre à coucher

The bedroom is being aired.
La chambre à coucher est aérée.

cellar
la cave

He has some wine in the cellar.
Il a du vin dans la cave.

attic, loft
le grenier

This house has not got an attic.
C'est une maison sans grenier.

bath
le bain

Do you prefer a bath or a shower?
Préfères-tu un bain ou une douche?

armchair
le fauteuil

The armchair is black.
Le fauteuil est noir.

mattress
le matelas

That mattress is too hard.
Ce matelas est trop dur.

cushion
le coussin

The cushion is covered in velvet.
Le coussin est couvert de velours.

curtain
le rideau

The curtains are at the cleaners.
Les rideaux sont à la teinturerie.

doorbell
la sonnette

Did you hear the doorbell?
As-tu entendu la sonnette?

1. Translate.

* attic : le grenier
* a mattress : un matelas
* bath : le bain
* bedroom : la chambre à coucher
* a curtain : un rideau
* toilet : les toilettes
* cellar : la cave

LA MAISON

2. Fill in the missing words.

* Je ne dors pas bien. Je crois que j'ai un mauvais matelas.	mattress
* Il prend un bain avant d'aller au travail.	bath
* Elle s'assied dans un fauteuil devant la télévision.	armchair
* Fermez les rideaux s'il y a trop de lumière.	curtains
* J'appuie sur la sonnette et une femme ouvre la porte.	doorbell

SPORT

footballer le footballeur	He wants to be a footballer. Il veut devenir footballeur.
cyclist le cycliste	The cyclist has fallen off his bicycle. Le cycliste est tombé de son vélo.
athlete l'athlète (m/f)	The athlete took part in a race. L'athlète a participé à une course.
champion le champion	He has become the world champion. Il est devenu champion du monde.
team l'équipe (f)	She belongs to a team. Elle fait partie d'une équipe.
opponent l'adversaire (m/f)	We don't underestimate our opponents. Nous ne sous-estimons pas nos adversaires.
public le public	The public are enthusiastic. Le public est enthousiaste.
attack l'attaque (f)	Two players are playing in attack positions. Deux joueurs jouent à l'attaque.
defence la défense	The defence is well organised. La défense est bien organisée.
sportspaper le journal sportif	The sportspaper comes out every Monday. Le journal sportif paraît le lundi.

1. Translate.

* attack : l'attaque
* an athlete : un athlète
* an opponent : un adversaire
* a team : une équipe
* champion : le champion
* defence : la défense
* public : le public

LE SPORT

* le cycliste

* le footballeur

* l'athlète

* le journal sportif

2. Fill in the missing words.

* Combien de cyclistes participent au Tour de France?	cyclists
* Le champion du monde est en pleine forme.	champion
* Le public a manifesté son mécontentement.	public
* Nous avons battu l'adversaire.	opponent
* L'attaque est la meilleure défense.	attack

CULTURE

painter le peintre	Picasso is a famous painter. Picasso est un peintre célèbre.
writer l'écrivain (m)	The writer has written a new novel. L'écrivain a écrit un nouveau roman.
artist l'artiste (m/f)	The artist is living in poverty. L'artiste vit dans la misère.
language la langue	French is a foreign language. Le français est une langue étrangère.
painting, picture le tableau	This painting is too abstract. Ce tableau est trop abstrait.
song la chanson	His songs have a message. Ses chansons contiennent un message.
orchestra l'orchestre (m)	This is a symphony orchestra. C'est un orchestre symphonique.
magnificent, grand magnifique	I think the palace is magnificent. Je trouve le palais magnifique.
awful horrible	The concert was awful. Le concert était horrible.
newspaper le journal	Which newspaper do you read? Quel journal lisez-vous?

1. Translate.

* song	:	la chanson
* language	:	la langue
* newspaper	:	le journal
* awful	:	horrible
* a writer	:	un écrivain
* an artist	:	un artiste
* a painter	:	un peintre
* magnificent	:	magnifique
* the painting	:	le tableau

LA CULTURE

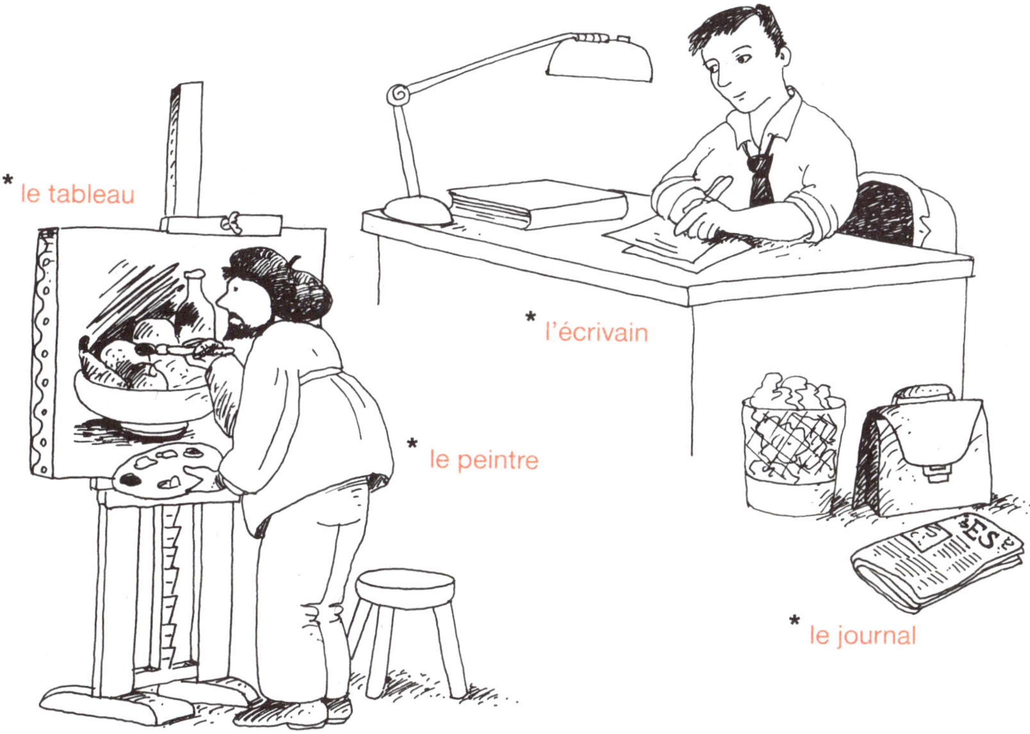

2. Fill in the missing words.

* L'orchestre jouait les œuvres de Bach.	orchestra
* Monet et Manet sont des peintres célèbres.	painters
* Elle chante seulement des chansons en français.	songs
* Chaque matin il achète un journal pour savoir ce qui se passe.	newspaper
* Je n'aime pas ce film. Je le trouve horrible.	awful

ANIMALS

lion le lion	The lion is the king of the animals. Le lion est le roi des animaux.
giraffe la girafe	A giraffe has a long neck. Une girafe a un long cou.
elephant l'éléphant (m)	The elephant is a threatened species. L'éléphant est une espèce menacée.
monkey le singe	The monkey makes us laugh. Le singe nous fait rire.
parrot le perroquet	The parrot can imitate human speech. Le perroquet peut imiter le langage humain.
camel le chameau	A camel has two humps. Un chameau a deux bosses.
tiger le tigre	The tiger hunts at night. Le tigre chasse la nuit.
butterfly le papillon	The butterfly flies from flower to flower. Le papillon vole de fleur en fleur.
wasp la guêpe	He has been stung by a wasp. Il a été piqué par une guêpe.
snake le serpent	The adder is a poisonous snake. La vipère est un serpent venimeux.

1. Translate.

* a parrot : un perroquet
* a monkey : un singe
* a lion : un lion
* a snake : un serpent
* an elephant : un éléphant
* a wasp : une guêpe
* a camel : un chameau
* a butterfly : un papillon

LES ANIMAUX

* le serpent

* la girafe

* le lion

* le chameau

* le tigre

2. Fill in the missing words.

* L'éléphant est chassé pour son ivoire.	elephant
* Le chameau est un animal du désert.	camel
* Le perroquet a des plumes jaunes et rouges.	parrot
* Le singe aime manger des bananes.	monkey
* La guêpe est rayée de jaune et de noir.	wasp

HOLIDAYS AND LEISURE

to travel voyager	He travels around the world. Il voyage autour du monde.
walk, stroll la promenade	A walk will do us good. Une promenade nous fera du bien.
passenger, traveller le voyageur	Passengers are requested to go on board. Les voyageurs sont priés de monter à bord.
outing, excursion l'excursion (f)	The outing is scheduled for tomorrow. L'excursion est prévue pour demain.
parlour game le jeu de société	Charades is a parlour game. Le jeu des charades est un jeu de société.
entertaining distrayant	This film is said to be entertaining. On dit que ce film est distrayant.
sleeping bag le sac de couchage	My sleeping bag is waterproof. Mon sac de couchage est imperméable.
airbed, inflatable mattress le matelas pneumatique	There is a small hole in your airbed. Il y a un petit trou dans ton matelas pneumatique.
camera l'appareil-photo (m)	This camera is easy to handle. Cet appareil-photo est facile à manier.
(travel) guide le guide	The guide shows us the town sights. Le guide nous montre les curiosités de la ville.

1. Translate.

* a sleeping bag : un sac de couchage
* an outing : une excursion
* a passenger, traveller : un voyageur
* entertaining : distrayant

2. Fill in the missing words.

* Je peux prendre de belles photos avec cet appareil-photo.	camera
* Quand je fais du camping, je dors dans un sac de couchage.	sleeping bag
* Les voyageurs pour Londres, prenez vos places!	passengers
* Je regarde ce film s'il est distrayant.	entertaining
* Aimes-tu voyager en Angleterre?	to travel

*le matelas pneumatique

*le sac de couchage

*l'appareil-photo

*le jeu de société

OCCUPATIONS

nurse l'infirmière (f)	She is a nurse in a big hospital. Elle est infirmière dans un grand hôpital.
postman le facteur	The postman delivers the mail. Le facteur distribue le courrier.
pastrycook le pâtissier	The pastrycook sells cakes. Le pâtissier vend des gâteaux.
dentist le dentiste	My dentist takes good care of my teeth. Mon dentiste soigne bien mes dents.
gardener le jardinier	The gardener likes plants. Le jardinier aime les plantes.
chemist, pharmacist le pharmacien	The chemist can advise you. Le pharmacien peut vous conseiller.
clockmaker l'horloger (m)	The clockmaker cannot repair your watch. L'horloger ne peut pas réparer ta montre.
engineer l'ingénieur (m)	She is training to be an engineer. Elle fait des études d'ingénieur.
carpenter le menuisier	The carpenter cannot find his hammer. Le menuisier ne trouve pas son marteau.
judge le juge	The judge summed up the case. Le juge a resumé l'affaire.

1. Translate.

* a dentist : un dentiste
* a pastrycook : un pâtissier
* a carpenter : un menuisier
* a chemist : un pharmacien
* a judge : un juge
* a gardener : un jardinier
* postman : le facteur

LES METIERS

* le facteur

* le dentiste

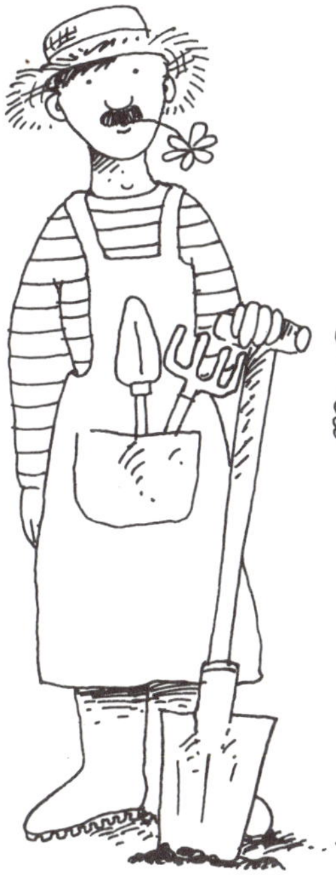

* le jardinier

* l'infirmière

2. Fill in the missing words.

* Je peux acheter ce médicament chez le pharmacien.	chemist
* Le juge interroge le criminel.	judge
* Le facteur a une lettre pour vous.	postman
* Le jardinier s'occupe du jardin.	gardener
* L'infirmière prend soin des malades.	nurse

TIME

morning la matinée	The bank is open all morning. La banque est ouverte toute la matinée.
evening la soirée	We have had a pleasant evening. Nous avons eu une agréable soirée.
day la journée	What do you do during the day? Que fais-tu pendant la journée?
year l'année (f)	The school year ends in July. L'année scolaire se termine en juillet.
season la saison	There are four seasons. Il y a quatre saisons.
spring le printemps	Flowers bloom in the spring. Les fleurs éclosent au printemps.
summer l'été (m)	We go on holiday in the summer. En été, nous allons en vacances.
autumn l'automne (m)	Autumn begins on 21 September. L'automne commence le 21 septembre.
winter l'hiver (m)	It is cold in winter. En hiver, il fait froid.
fortnight quinze jours	I am going to Paris in a fortnight. Je vais à Paris dans quinze jours.

1. Translate.

* a year : une année
* a day : une journée
* fortnight : quinze jours
* season : la saison
* morning : la matinée
* autumn : l'automne
* evening : la soirée
* spring : le printemps

LE TEMPS

* l'automne

* l'hiver

* le printemps

* l'été

2. Fill in the missing words.

* L'été commence le 21 juin.	summer
* Le printemps commence le 21 mars.	spring
* L'hiver commence le 21 décembre.	winter
* L'automne commence le 21 septembre.	autumn
* Nous avons un rendez-vous dans quinze jours.	fortnight

THE EARTH AND NATURE

lake le lac	This is a natural lake. C'est un lac naturel.
pond l'étang (m)	He is fishing in the pond. Il pêche dans l'étang.
ocean l'océan (m)	The ship crosses the Atlantic Ocean. Le bateau traverse l'Océan Atlantique.
wave la vague	The waves are very high. Les vagues sont très hautes.
oak le chêne	The oak is a magnificent tree. Le chêne est un arbre majestueux.
pine le pin	The pine is an evergreen. Le pin reste toujours vert.
hedge la haie	The hedge has to be trimmed. La haie doit être taillée.
hill la colline	They are walking down the hill. Ils descendent de la colline.
storm la tempête	There is a storm at sea. Il y a tempête en mer.
lightning la foudre	Lightning can be dangerous. La foudre peut être dangereuse.

1. Translate.

* oak : le chêne
* pine : le pin
* a pond : un étang
* lightning : la foudre
* a hill : une colline
* ocean : l'océan
* a wave : une vague
* hedge : la haie
* a storm : une tempête

LA TERRE ET LA NATURE

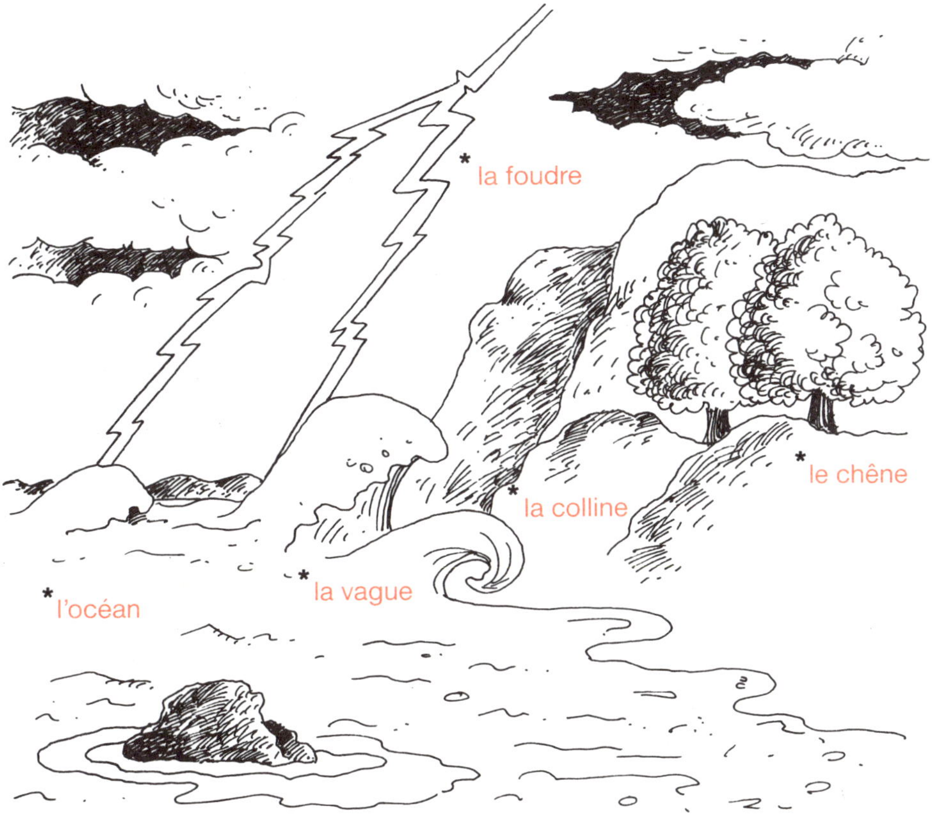

2. Fill in the missing words.

* Se baigner en mer est interdit parce que les vagues sont trop hautes.	waves
* Un lac est une grande étendue d'eau.	lake
* Pendant une tempête, le vent souffle très fort.	storm
* Les collines sont plus petites que les montagnes.	hills
* Il y a une haie autour de notre jardin.	hedge

THE FAMILY

single, unmarried célibataire	He is still single. Il est toujours célibataire.
godfather le parrain	Who is your godfather? Qui est ton parrain?
godmother la marraine	Who is your godmother? Qui est ta marraine?
godson le filleul	She likes to spoil her godson. Elle aime gâter son filleul.
goddaughter la filleule	His goddaughter is nice. Sa filleule est sympathique.
divorce le divorce	We are upset by their divorce. Leur divorce nous chagrine.
widower le veuf	M Smith's wife has died; now he is a widower. L'épouse de M. Smith est morte; il est veuf maintenant.
widow la veuve	Mrs Jones' husband has died; now she is a widow. L'époux de Mme Jones est mort; elle est veuve maintenant.
orphan l'orphelin (m)	The orphan lives with his uncle. L'orphelin habite chez son oncle.
to adopt adopter	They are adopting an orphan girl. Ils adoptent une orpheline.

1. Translate.

* goddaughter : la filleule
* godmother : la marraine
* an orphan (boy) : un orphelin
* godson : le filleul
* divorce : le divorce
* single, unmarried : célibataire
* widow : la veuve
* wife : l'épouse

2. Fill in the missing words.

* Cette orpheline a perdu ses parents dans un accident de voiture.	orphan (girl)
* Son mari est mort, cela veut dire qu'elle est veuve.	widow
* Je suis le filleul de mon parrain.	godson
* Le divorce de sa fille lui cause du chagrin.	divorce
* Elle est toujours célibataire, mais elle va bientôt se marier.	single
* C'est une marraine qui adore son filleul.	godmother

THE HUMAN BODY

big, fat gros (m) grosse (f)	He is too big for that garment. Il est trop gros pour ce vêtement.
thin, lean maigre	No matter what she eats, she stays thin. Quoi qu'elle mange, elle reste maigre.
stomach l'estomac (m)	Do you have a weak stomach? As-tu un estomac fragile?
blood le sang	The blood flows through the veins. Le sang coule dans les veines.
heart le cœur	Her heart is beating very fast. Son cœur bat très vite.
pain la douleur	I am in great pain. Je sens une grande douleur.
knee, lap le genou	He takes his child on to his lap. Il prend son enfant sur les genoux.
finger le doigt	You have cut your finger. Tu t'es coupé au doigt.
nail l'ongle (m)	She varnishes her nails. Elle vernit ses ongles.
pregnant enceinte	She is two months pregnant. Elle est enceinte de deux mois.

1. Translate.

* a nail : un ongle
* pain : la douleur
* blood : le sang
* knee : le genou
* finger : le doigt
* a stomach : un estomac
* big, fat : gros/grosse
* heart : le cœur

LE CORPS HUMAIN

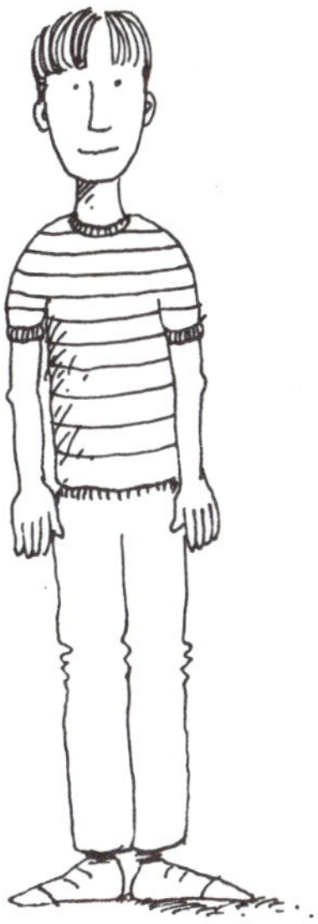

* maigre

* gros

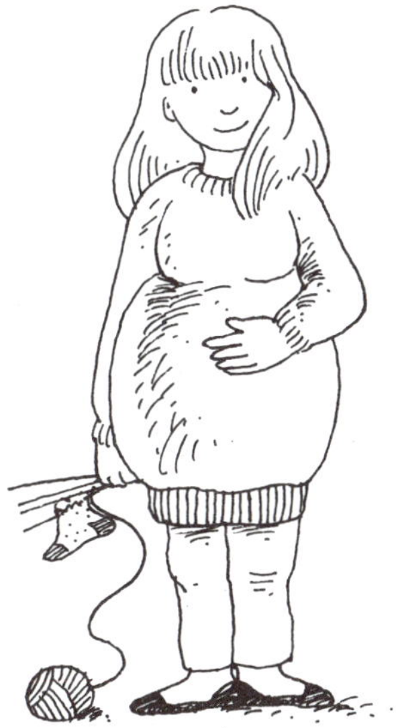

* enceinte

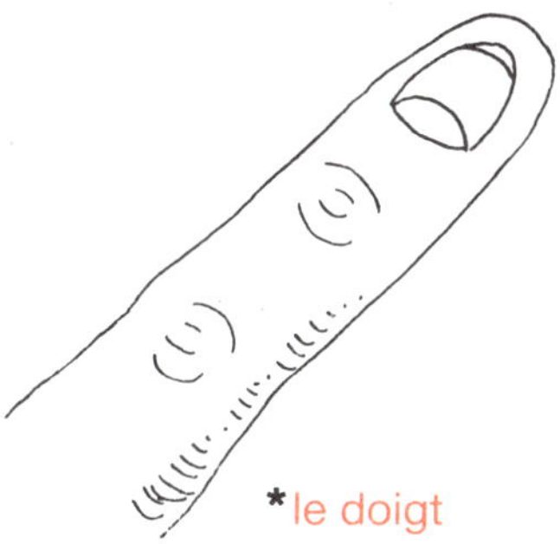

* le doigt

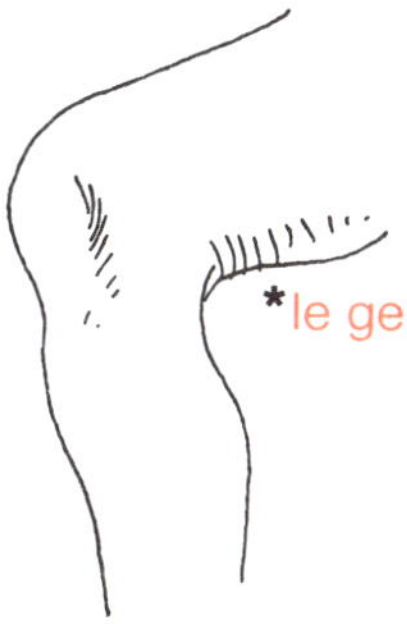

* le genou

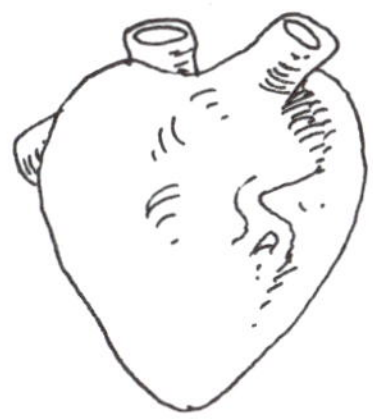

* le cœur

2. Fill in the missing words.

* Elle est enceinte; elle attend un enfant.	pregnant
* Le cœur fait circuler le sang dans les veines.	blood
* Mon cœur bat vite.	heart
* L'eau me montait jusqu'aux genoux.	knees
* Il compte toujours sur ses doigts.	fingers

CLOTHING

ring la bague	He gives her a ring. Il lui donne une bague.
bracelet le bracelet	She wears a gold bracelet. Elle porte un bracelet en or.
to dress, to clothe vêtir	She is dressed in white. Elle est vêtue de blanc.
fur la fourrure	This fur hat is out of fashion. Ce chapeau de fourrure est démodé.
to take off ôter	Take your hat off before going in. Ote ton chapeau avant d'entrer.
apron le tablier	She wears an apron in the kitchen. Elle porte un tablier dans la cuisine.
(under)pants le caleçon	My grandfather wears long underpants. Mon grand-père porte un caleçon long.
bra le soutien-gorge	Women wear bras. Les femmes portent un soutien-gorge.
underwear le sous-vêtement	This is warm underwear. C'est un sous-vêtement chaud.
to iron repasser	She is ironing the skirt. Elle repasse la jupe.

1. Translate.

* an apron : un tablier
* to iron : repasser
* to take off : ôter
* a ring : une bague
* a pair of underpants : un caleçon
* bracelet : le bracelet

LES VETEMENTS

* le bracelet

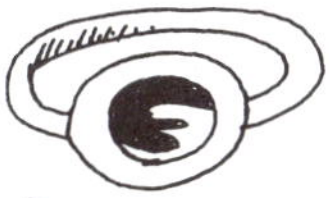

* la bague

le tablier

* repasser

* le manteau de fourrure

2. Fill in the missing words.

* Il est vêtu de noir.	dressed
* Il ôte son manteau parce qu'il fait chaud dans la chambre.	takes off
* Elle a perdu sa bague.	ring
* Elle doit laver et repasser les vêtements.	iron
* Elle porte un manteau de fourrure en imitation.	fur

AT MEALTIMES

dishwasher le lave-vaisselle	This is a good dishwasher. C'est un lave-vaisselle de bonne qualité.
kettle la bouilloire	Water is boiled in a kettle. On fait bouillir l'eau dans la bouilloire.
mixer le mixeur	You need a mixer to mix that cake. Il faut un mixeur pour mélanger ce gâteau.
tablecloth la nappe	This tablecloth is made of paper. Cette nappe est en papier.
salt-cellar la salière	Where is the salt-cellar? Où est la salière?
coffee pot la cafetière	He has broken the coffee pot. Il a cassé la cafetière.
lid le couvercle	The lid is buckled. Le couvercle est déformé.
oven le four	Heat the oven to 180°C. Chauffe le four à 180°C.
tender tendre	The meat is tender enough. La viande est assez tendre.
napkin la serviette	He is folding the napkins. Il plie les serviettes.

1. Translate.

- * a tablecloth : une nappe
- * an oven : un four
- * kettle : la bouilloire
- * tender : tendre
- * lid : le couvercle
- * a salt-cellar : une salière
- * napkin : la serviette
- * mixer : le mixeur
- * dishwasher : le lave-vaisselle

LES REPAS

2. Fill in the missing words.

* Où est la cafetière? Je voudrais du café.	coffee pot
* Il se nettoie la bouche avec une serviette.	napkin
* Soulevez le couvercle pour voir si l'eau bout.	lid
* Je mets une quiche au four pour la faire cuire.	oven

FOOD AND DRINK

plum la prune	A mirabelle is a type of plum. Une mirabelle est un genre de prune.
grape le raisin	They are picking grapes. Ils cueillent des raisins.
peach la pêche	A peach has a velvety skin. Une pêche a une peau veloutée.
cauliflower le chou-fleur	Cauliflower is sometimes eaten raw. Le chou-fleur se mange parfois cru.
parsley le persil	Parsley is tasty. Le persil a bon goût.
garlic l'ail (m)	Garlic has a strong smell. L'ail dégage une forte odeur.
French bean le haricot vert	Are you preparing the French beans? Prépares-tu des haricots verts?
mustard la moutarde	This is Dijon mustard. C'est de la moutarde de Dijon.
pepper le poivre	This is a pepper sauce. C'est une sauce au poivre.
oil l'huile (f)	Oil is sprinkled on a salad. On asperge la salade d'huile.

1. Translate.

* mustard : la moutarde
* parsley : le persil
* a peach : une pêche
* a grape : un raisin
* pepper : le poivre
* cauliflower : le chou-fleur
* French bean : le haricot vert
* oil : l'huile

ALIMENTS ET BOISSONS

2. Fill in the missing words.

* Je veux du sel et du poivre, s'il vous plaît.	pepper
* Le vin est produit à base de raisins.	grapes
* Cette viande est délicieuse avec une sauce à l'ail.	garlic
* Au lieu d'utiliser de l'huile, je prends du beurre.	oil
* La moutarde de Dijon est très forte.	mustard

THE HOME

tenant le locataire	When is the new tenant arriving? Quand arrive le nouveau locataire?
owner, landlord le propriétaire	He is the owner of ten houses. Il est propriétaire de dix maisons.
to move out déménager	We are moving out in two days. Nous déménageons dans deux jours.
brick la brique	The bricks are drying in the kiln. Les briques sèchent au four.
ground floor le rez-de-chaussée	You are on the ground floor. Vous êtes au rez-de-chaussée.
passage, corridor le couloir	It is a maze of passages. C'est un labyrinthe de couloirs.
wallpaper le papier peint	I don't like the wallpaper. Le papier peint ne me plaît pas.
sink l'évier (m)	Pour it down the sink. Versez-le dans l'évier.
(floor) tile le carreau	The tiles on the floor are shining. Les carreaux sur le sol reluisent.
(roof) tile la tuile	The tile has fallen off the roof. La tuile est tombée du toit.

1. Translate.

* passage : le couloir
* owner : le propriétaire
* (roof) tile : la tuile
* a brick : une brique
* a (floor) tile : un carreau
* wallpaper : le papier peint
* a tenant : un locataire

LA MAISON

* la brique

* la tuile

* le papier peint

* le carreau

2. Fill in the missing words.

* Ils ont acheté une nouvelle maison. Ils déménagent dans une semaine.	move out
* Tu es au premier étage maintenant. Descends au rez-de-chaussée.	ground floor
* Son bureau est situé au bout du couloir.	passage
* Le locataire de cet appartement doit payer beaucoup d'argent.	tenant
* Les carreaux reluisent à tel point que tu peux t'y voir.	(floor) tiles
* On a besoin de beaucoup de briques pour construire une maison.	bricks

SPORT

defeat la défaite	His defeat was unexpected. Sa défaite était inattendue.
tie, draw le match nul	The contest ended in a tie. Le combat s'est terminé par un match nul.
away match le match aller	The away match is on Saturday. Le match aller a lieu samedi.
return match le match retour	The return match will be played on Monday. Le match retour se joue lundi.
to whistle, blow a whistle siffler	The referee blows a whistle to end the match. L'arbitre siffle pour terminer le match.
goal le but	Who is in the goal? Qui est dans le but?
pitch le terrain	The pitch is uneven. Le terrain est accidenté.
performance la performance	She gave a fine performance. Elle a livré une belle performance.
the high jump le saut en hauteur	He is practising the high jump. Il pratique le saut en hauteur.
the long jump le saut en longueur	This is the long jump record. C'est le record du saut en longueur.

1. Translate.

* away match : le match aller
* a performance : une performance
* to whistle : siffler
* a defeat : une défaite
* goal : le but
* a pitch : un terrain
* a draw : un match nul

LE SPORT

* le but

* le saut en hauteur

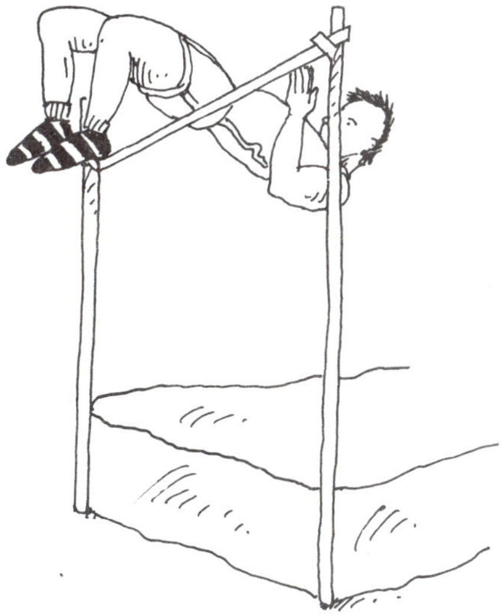

* le saut en longeur

2. Fill in the missing words.

* Arsenal et Chelsea ont fait un match nul: 1-1.	tie
* Le record du saut en longueur dépasse 8 mètres.	long jump
* La défaite de leur équipe était décevante.	defeat
* Il faut beaucoup de travail pour entretenir le terrain.	pitch
* L'arbitre a sifflé la fin du match.	blew his whistle

CULTURE

civilization la civilisation	Many civilizations have died out. Beaucoup de civilisations ont disparu.
composer le compositeur	Mozart was a famous composer. Mozart était un compositeur célèbre.
magazine le magazine	It is a woman's magazine. C'est un magazine féminin.
style le style	She has a style of her own. Elle a un style très particulier.
sort, type le genre	I don't like that sort of music. Je n'aime pas ce genre de musique.
to imitate, mimic imiter	They tried to imitate him. Ils ont essayé de l'imiter.
influence l'influence (f)	That man has a lot of influence. Cet homme a beaucoup d'influence.
reader le lecteur	This newspaper has 100,000 readers. Ce journal a 100.000 lecteurs.
work of art l'œuvre d'art (f)	He collects works of art. Il collectionne des œuvres d'art.
fame la renommée	His fame is legendary. Sa renommée est légendaire.

1. Translate.

* an influence : une influence
* fame : la renommée
* composer : le compositeur
* reader : le lecteur
* a work of art : une œuvre d'art
* to imitate : imiter
* a magazine : un magazine
* civilization : la civilisation

LA CULTURE

2. Fill in the missing words.

* Ce magazine paraît chaque semaine.	magazine
* Il a une mauvaise influence sur les enfants.	influence
* Cet artiste imite les animaux.	imitates
* Le film à suspens est mon genre préféré.	sort
* Les historiens examinent toujours la civilisation des Aztèques.	civilization
* Ce musée possède une grande collection d'œuvres d'art.	works of art

ANIMALS

to moo meugler	Cows moo. Les vaches meuglent.
to neigh hennir	Horses neigh. Les chevaux hennissent.
to bleat bêler	Sheep bleat. Les moutons bêlent.
to cluck glousser	Hens cluck. Les poules gloussent.
to buzz, hum bourdonner	Wasps buzz. Les guêpes bourdonnent.
to hiss siffler	Snakes hiss. Les serpents sifflent.
to bark aboyer	Dogs bark. Les chiens aboient.
to miaow miauler	Cats miaow. Les chats miaulent.
to grunt grogner	Pigs grunt. Les cochons grognent.
to trumpet barrir	Elephants trumpet. Les éléphants barrissent.

1. Translate.

* to buzz, hum : bourdonner
* to trumpet : barrir
* to hiss : siffler
* to neigh : hennir
* to grunt : grogner
* to bleat : bêler
* to bark : aboyer
* to moo : meugler

LES ANIMAUX

* hennir

* bêler

* barrir

* meugler

2. Fill in the missing words.

* Ces chiens aboient mais ils ne mordent pas.	bark
* Les chats miaulent et chassent les souris.	miaow
* Les moutons bêlent.	bleat
* Les vaches meuglent et mangent de l'herbe.	moo
* Les poules gloussent et pondent des œufs.	cluck

HOLIDAYS AND LEISURE

travel agency l'agence de voyage (f)	The travel agency has an unusual trip on offer. L'agence de voyage propose un voyage extraordinaire.
airport l'aéroport (m)	I sometimes go to the airport to watch the aeroplanes. Je vais parfois à l'aéroport pour voir les avions.
tourist office l'office de tourisme (m)	Apply to the tourist office. Adressez-vous à l'office de tourisme.
(railway) station la gare	The train stops at Victoria Station. Le train s'arrête à la gare Victoria.
sunglasses les lunettes de soleil (f)	I wear sunglasses so that the sun doesn't dazzle me. Je porte des lunettes de soleil pour ne pas être ébloui.
holiday-maker le vacancier (m)	Holiday-makers invade the town. Les vacanciers envahissent la ville.
postcard la carte postale	I send postcards to all my friends. J'envoie des cartes postales à tous mes amis.
funfair la fête foraine	The children love the funfair. Les enfants adorent la fête foraine.
peace la tranquillité	I like the peace of the countryside. J'aime la tranquillité de la campagne.
to welcome accueillir	Paris welcomes tourists of all nationalities. Paris accueille des touristes de toutes nationalités.

1. Translate

* postcard : la carte postale
* peace : la tranquillité
* a station : une gare
* airport : l'aéroport
* sunglasses : les lunettes de soleil
* travel agency : l'agence de voyage
* to welcome : accueillir
* holiday-maker : le vacancier

LES VACANCES ET LES LOISIRS

* l'aéroport

* la gare

2. Fill in the missing words.

* Les adultes et les enfants s'amusent à la fête foraine.	funfair
* On m'a donné un plan à l'office de tourisme.	tourist office
* Merci pour ta carte postale de Rome.	postcard
* La soleil brille, mais je ne trouve pas mes lunettes de soleil.	sunglasses
* Quelle est la dernière gare où ce train s'arrête?	station

OCCUPATIONS

shoemender le cordonnier	The shoemender mends shoes. Le cordonnier répare les chaussures.
air stewardess l'hôtesse de l'air (f)	The air stewardess is very helpful. L'hôtesse de l'air est très serviable.
interpreter l'interprète (m/f)	The interpreter speaks seven languages. L'interprète parle sept langues.
representative le représentant	He is a company representative. Il est représentant commercial.
shopkeeper, tradesman le commerçant	The shopkeeper is doing well. Le commerçant fait de bonnes affaires.
mechanic le mécanicien	The mechanic repaired my bicycle. Le mécanicien a réparé ma bicyclette.
bookseller le libraire	The book is available from your bookseller. Le livre est en vente chez votre libraire.
fashion designer le couturier	The fashion designer is launching a new style. Le couturier lance un nouveau style.
typist la dactylo	We are looking for a bilingual typist. Nous cherchons une dactylo bilingue.
chemist le chimiste	The chemist is tidying up the laboratory. Le chimiste range le laboratoire.

1. Translate.

* a mechanic : un mécanicien
* an interpreter : un interprète
* a bookseller : un libraire
* a typist : une dactylo
* a tradesman : un commerçant
* a chemist : un chimiste
* a shoemender : un cordonnier
* a fashion designer : un couturier

LES METIERS

* la dactylo

* l'hôtesse de l'air

* le cordonnier

* le chimiste

2. Fill in the missing words.

* Les commerçants font de la publicité pour attirer les clients.	shopkeepers
* Une bonne dactylo peut taper ce texte en une heure.	typist
* Le mécanicien avait les mains sales.	mechanic
* Ce libraire a plus de 20.000 livres dans son magasin.	bookseller
* Le chimiste a analysé la composition de ce produit dangereux.	chemist

TIME

annual annuel (m) annuelle (f)	The annual report is approved. Le rapport annuel est approuvé.
monthly mensuel (m) mensuelle (f)	I paid the monthly rate. J'ai payé la contribution mensuelle.
the past le passé	The law is interested in his past. La justice s'intéresse à son passé.
the present le présent	We live in the present. Nous vivons dans le présent.
the future l'avenir (m)	What has the future in store for us? Que nous apportera l'avenir?
the day before la veille	It is his birthday the day before Easter. C'est son anniversaire la veille de Pâques.
the next day le lendemain	They left the next day. Ils sont partis le lendemain.
moment l'instant (m)	Just a moment, please. Un instant, s'il vous plaît.
the day before yesterday avant-hier	The day before yesterday was Monday. Avant-hier, c'était lundi.
the day after tomorrow après-demain	The day after tomorrow will be Friday. Après-demain, ce sera vendredi.

1. Translate.

* the past : le passé
* monthly : mensuel/mensuelle
* the day before yesterday : avant-hier
* the day before : la veille
* annual : annuel/annuelle
* the day after tomorrow : après-demain
* a moment : un instant
* the present : le présent

LE TEMPS

* le passé

* le présent

* le futur

2. Fill in the missing words.

* C'est jeudi aujourd'hui. Après-demain ce sera samedi.	the day after tomorrow
* J'ai mis de l'argent de côté pour l'avenir.	future
* Le temps se divise en trois sections: le passé, le présent et l'avenir.	present
* Voulez-vous attendre un instant, s'il vous plaît?	moment
* Beaucoup de commerçants assistent à la réunion annuelle.	annual

THE EARTH AND NATURE

volcano le volcan	This volcano is still active. Ce volcan est encore actif.
rock le rocher	She is sunbathing on a rock. Elle se fait bronzer sur un rocher.
waterfall la cascade	The waterfall is dangerous. La cascade est dangereuse.
plateau, table-land le plateau	The town is on a plateau. La ville est située sur un plateau.
bush le buisson	He is hiding in the bush. Il se cache dans le buisson.
poplar le peuplier	The poplar has an enormous trunk. Le peuplier a un tronc énorme.
stream, brook le ruisseau	There is no water in the stream. Il n'y a pas d'eau dans le ruisseau.
hail la grêle	The hail has damaged the crop. La grêle a abîmé la récolte.
flood, flooding l'inondation (f)	Rain can cause floods. La pluie peut causer des inondations.
valley la vallée	They live in the Thames valley. Ils habitent dans la vallée de la Tamise.

1. Translate.

* a brook : un ruisseau
* a bush : un buisson
* a volcano : un volcan
* a flood : une inondation
* a waterfall : une cascade
* a valley : une vallée
* rock : le rocher
* hail : la grêle

2. Fill in the missing words.

* Dans les montagnes il y a de nombreuses cascades.	waterfalls
* Un ruisseau est beaucoup plus petit qu'une rivière.	stream
* Un peuplier est un arbre très haut.	poplar
* Il y a tellement de buissons dans ce bois qu'il est difficile d'y entrer.	bushes
* Cette vallée a un très joli ruisseau.	valley

COUNTRIES AND THEIR INHABITANTS

	country	inhabitants
Albania	l'Albanie (f)	un Albanais(e)
Algeria	l'Algérie (f)	un Algérien(ne)
America	l'Amérique (f)	un Américain(e)
Argentina	l'Argentine (f)	un Argentin(e)
Australia	l'Australie (f)	un Australien(ne)
Austria	l'Autriche (f)	un Autrichien(ne)
Belgium	la Belgique	un Belge
Brazil	le Brésil	un Brésilien(ne)
Bulgaria	la Bulgarie	un Bulgare
China	la Chine	un Chinois(e)
Czechoslovakia	la Tchécoslovaquie	un Tchèque
Denmark	le Danemark	un Danois(e)
England	l'Angleterre (f)	un Anglais(e)
Egypt	l'Egypte (f)	un Egyptien(ne)
Finland	la Finlande	un Finlandais(e)
France	la France	un Français(e)
Germany	l'Allemagne (f)	un Allemand(e)
Greece	la Grèce	un Grec, une Grecque
Hungary	la Hongrie	un Hongrois(e)
Iran	l'Iran (m)	un Iranien(ne)
Iraq	l'Irak (m)	un Irakien(ne)
Ireland	l'Irlande (f)	un Irlandais(e)
Italy	l'Italie (f)	un Italien(ne)
Japan	le Japon	un Japonais(e)
Korea	la Corée	un Coréen(ne)
Luxemburg	le Luxembourg	un Luxembourgeois(e)
Mexico	le Mexique	un Mexicain(e)
Morocco	le Maroc	un Marocain(e)
Netherlands	les Pays-Bas	un Hollandais(e)
New Zealand	la Nouvelle-Zélande	un Néo-Zélandais(e)
Norway	la Norvège	un Norvégien(ne)
Poland	la Pologne	un Polonais(e)
Portugal	le Portugal	un Portugais(e)
Romania	la Roumanie	un Roumain(e)
Russia	la Russie	un Russe
Scotland	l'Ecosse (f)	un Ecossais(e)
Spain	l'Espagne (f)	un Espagnol(e)
Sweden	la Suède	un Suédois(e)
Switzerland	la Suisse	un Suisse(esse)
Turkey	la Turquie	un Turc, une Turque
United Kingdom	le Royaume-Uni	un Britannique
Wales	le Pays de Galles	un Gallois(e)
Yugoslavia	la Yougoslavie	un Yougoslave

one	: un	eleven	: onze
two	: deux	twelve	: douze
three	: trois	thirteen	: treize
four	: quatre	fourteen	: quatorze
five	: cinq	fifteen	: quinze
six	: six	sixteen	: seize
seven	: sept	seventeen	: dix-sept
eight	: huit	eighteen	: dix-huit
nine	: neuf	nineteen	: dix-neuf
ten	: dix	twenty	: vingt

thirty	: trente
forty	: quarante
fifty	: cinquante
sixty	: soixante
seventy	: soixante-dix
eighty	: quatre-vingts
ninety	: quatre-vingt-dix
one hundred	: cent
thirty-one	: trente et un
thirty-two	: trente-deux
forty-one	: quarante et un
forty-two	: quarante-deux
seventy-three	: soixante-treize
ninety-two	: quatre-vingt-douze
one hundred and one	: cent un
one hundred and two	: cent deux
one hundred and three	: cent trois
one hundred and ten	: cent dix
two hundred	: deux cents
six hundred	: six cents
one thousand	: mille
two thousand	: deux mille
ten thousand	: dix mille
one hundred thousand	: cent mille
one million	: un million
ten million	: dix millions
one hundred million	: cent millions
one milliard (US billion)	: un milliard

DAYS

Monday	lundi
Tuesday	mardi
Wednesday	mercredi
Thursday	jeudi
Friday	vendredi
Saturday	samedi
Sunday	dimanche

MONTHS

January	janvier
February	février
March	mars
April	avril
May	mai
June	juin
July	juillet
August	août
September	septembre
October	octobre
November	novembre
December	décembre

TO BE	**ETRE**
I am	je suis
you are	tu es (familiar singular)
he is	il est
she is	elle est
we are	nous sommes
you are	vous êtes (familiar plural and formal singular/plural)
they are	ils/elles sont

TO HAVE	**AVOIR**
I have	j'ai
you have	tu as
he has	il a
she has	elle a
we have	nous avons
you have	vous avez
they have	ils/elles ont

VERBS 'AIMER' AND 'FINIR'

TO LOVE	**AIMER**
I love	j'aime
you love	tu aimes
he loves	il aime
she loves	elle aime
we love	nous aimons
you love	vous aimez
they love	ils/elles aiment

TO FINISH	**FINIR**
I finish	je finis
you finish	tu finis
he finishes	il finit
she finishes	elle finit
we finish	nous finissons
you finish	vous finissez
they finish	ils/elles finissent

TO LEAVE	**PARTIR**
I leave	je pars
you leave	tu pars
he leaves	il part
she leaves	elle part
we leave	nous partons
you leave	vous partez
they leave	ils/elles partent

TO RECEIVE	**RECEVOIR**
I receive	je reçois
you receive	tu reçois
he receives	il reçoit
she receives	elle reçoit
we receive	nous recevons
you receive	vous recevez
they receive	ils/elles reçoivent

VERBS 'CRAINDRE' AND 'LIRE'

TO BE AFRAID OF	CRAINDRE
I am afraid of	je crains
you are afraid of	tu crains
he is afraid of	il craint
she is afraid of	elle craint
we are afraid of	nous craignons
you are afraid of	vous craignez
they are afraid of	ils/elles craignent

TO READ	LIRE
I read	je lis
you read	tu lis
he reads	il lit
she reads	elle lit
we read	nous lisons
you read	vous lisez
they read	ils/elles lisent

INDEX